社会经济史研究系列

张百顺 著

天津银行公会研究

（1918-1936）

A PRELIMINARY EXPLORATION
IN TIANJIN BANK ASSOCIATION
1918-1936

社会科学文献出版社
SOCIAL SCIENCES ACADEMIC PRESS (CHINA)

序言一

中国的商人组织有着悠久的历史，至迟在唐宋时期就已经有了"行""团"组织，明清时期更出现了众多地域性和行业性的会馆、公所。它们既有与西欧行会（基尔特）类似的行业自律的一面，又显著区别于基尔特相对政府的独立性，在中国传统社会的政府与商人之间发挥了重要的沟通职能。迄至近代，伴随着中国经济近代化进程的开启，特别是从自然经济向商品经济的转变，商人组织也在西方商会、行会的示范效应和晚清、民国政府的积极引导下，与其他经济组织和制度一起发生了变迁与重构，呈现蓬勃发展的态势，在近代中国的经济社会中发挥了重要的作用。

近代以来，国内外学术界对中国商人组织一直多有研究。特别是自 20 世纪 80 年代开始，在章开沅、徐鼎新等前辈的倡导下，虞和平、马敏、朱英等学者相继发表了一系列研究近代中国行会与商会的高水平论文和专著，相关的档案资料也不断得以整理出版，促使近代中国行会与商会研究发展成为经济史学界的一个重要领域，产生了大量优秀的研究成果。

天津银行公会是近代中国成立最早的银行公会之一，自1918年2月创立，持续了34年，在近代天津金融市场以及社会经济生活中扮演了重要的角色。本书在前辈学者研究的基础上，立足于天津市档案馆所藏丰富的天津银行公会档案资料，详细梳理1918~1936年天津银行公会的历史演进过程，揭示了天津银行公会诞生、存在与发展的内在规律，并以案例研究的方式分析探讨了其在近代天津金融市场运行中所发挥的重要作用。这一研究不仅丰富了近代中国行会史的研究成果，而且深化了我们对近代中国政府、商人组织与商人三者关系的认识，对于我国当前规范发展行业协会、商会，使其在现代市场体系中发挥积极作用，具有一定的历史借鉴意义。

全书分为上、下两篇。上篇主要聚焦于天津银行公会本身，详细探讨了天津银行公会诞生的社会与行业历史背景，其日常决策、财务管理和经费分担制度演进的过程，及其在便利会员营业、维护市场秩序、沟通银行与政府方面的业务活动。下篇考察了天津银行公会的外部联系情况，通过协助政府举债、检查准备金案和维持直隶省钞案等案例的研究，深入分析了天津银行公会与政府和其他商人组织之间的关系，揭示了天津银行公会在稳定金融市场、构建市场运行基础和塑造金融制度等方面所发挥的重要作用。

本书最大的特点在于史料扎实。马克思主义唯物史观是我们从事科研工作的根本指导思想，经济学理论作为我们从事经济研究的方法和工具，虽然可以为研究框架的设计提供有益的参考，但理论作为一种社会意识，本质上根源于社会存在，其表现形式也会随着历史和社会条件的变化而变化；因此，经济学在本质上是一门具有历史性质的科学，其研究对象是变动不居的历史本身，经济学理论的推陈出新和不断发展，归根到底也还是依赖于对史料的挖掘、整理和分析、解读。作者在本书的写作过程中，不辞劳苦，整理和运用了大量的原始档案资料，其中，最主要的是天津市档案馆藏天津银行公会（1918-1936）案卷级档案共计540余卷，文件级档案340余件；各会员行藏档案200余卷。这些档案内容涉及会议记录、各种信函、账目等，可以很好地体现历史的原貌。除此之外，本书还运用《天津商会档案汇编》《卞白眉日记》等资料中关于天津银行公会活动的文献线索，与档案资料相互对照、印证，增强了论断的可靠性。

在充分挖掘和利用档案史料的基础上，本书运用新制度经济学制度供求理论和博弈分析框架，认为从制度需求的角度看，天津银行公会的诞生不仅根植于近代中国社会转型的深厚背景，更是在近代天津银行业发展到一定程度，行业共同利益日益凸显的历史背景下诞生的，是一种集体行动的制度建构；从制度供给的角度看，则可将天津银行公会看作一种向会员提供公共品或服务的有机系统或装置，而具体业务活动无非是天津银行公会向其会员提供的公共品或公共服务的具体表现；而天津银行公会的存在确实有利于缓解政府承诺问题，正是政府与商人组织为各自所代表利益进行的不断博弈，导致了直隶省地方政府借贷市场的持续存在。本书还借鉴政治学的"国家—社会"关系模式，进行了有益的尝试，通过检查准备金案，探讨了"强制力"和"权利域"在制度塑造中的重要作用；通过维持省钞案，强调了政府与天津银行公会在货币信用维持中的不同作用，以及政府与市场的关系这一根本问题。

当然，作为作者的第一本专著，由于学术视野和资料等各方面的限制，本书还存在一些不够完善之处，对于新制度经济学博弈分析的模型设计还略显简单，运用西方政治学"国家—社会"的研究框架来探讨近代中国政府、行会与商人的关系，其解释力也有所不足，还有一些问题尚未涉及。希望作者能在今后的研究工作中继续深入学习和思考马克思主义经典作家关于西欧行会及相关问题的阐释，结合近代中国的具体国情、世情和特点，参考学术界关于近代上海银行公会等同类机构的研究成果，通过对近代天津银行公会更深入的研究，为马克思主义政治经济学中国化做出应有的贡献。

作者在本科和硕士研究生阶段学习的都是经济学专业，具有较好的经济学理论素养。自 2012 年考入南开大学经济研究所从我攻读经济史专业博士学位以来，一直以积极热情和扎实认真的态度，努力学习经济史理论方法和前辈的研究成果，以甘坐冷板凳的精神长期爬梳档案史料，从不适应到适应，逐渐地形成了对经济史学科的挚爱。本书正是以他的博士论文为基础，经过不断修改而成，是作者近几年来在经济史领域不断学习和思考的一个总结，我亦借此希望作者始终保持对学术事业的一份热爱，坚持正确的学术方向和治学理念，勇于创新，取得更大的学术成就。

是为序。

张东刚

2017 年 6 月

序言二

《天津银行公会研究（1918-1936）》是根据张百顺的博士学位论文修改而成的。本书以近代天津市银行公会为研究对象，以天津档案馆藏的天津银行公会档案资料为基础，构建起基本框架，从"天津银行公会是什么"入手，对天津银行公会的成立背景与成立的过程、制度演进、业务活动等内部的运作进行分析；然后通过案例研究的方式探讨天津银行公会的外部联系，阐述银行公会的市场作用以及与政府的关系。

近代中国的同业公会不仅是一种商人团体和行业组织，而且是一种具有行业管理和治理机制，介于政府和行业之间的中间组织。在以农为本的传统中国，行会组织对于位列"四民之末"的工商业者来说有着特殊的保障意义。清末民初，随着中国经济近代化进程的推进，传统行会逐步向同业公会转化。新兴的工商业同业公会作为商人团体和行业组织存在的同时，也兼具行业治理机制，是制约政府与企业、国家与社会之间的复杂关系的变量。在近代中国，同业公会与商会共生互连，对国家的经济发展、社会政治与社会运行均很有影响力。

天津作为近代中国的工商业城市，是华北的经济中心和金融中心。随着新式金融业的发展，银行业逐渐取代传统金融机构成为重要行业。天津银行业行业内部的行为规范，以及业外交往中维护行业的利益要求，使天津银行业公会的产生成为必然。天津的商会研究成果很多，但是同业公会的研究成果还很少。张百顺的《天津银行公会研究（1918-1936）》具有天津同业公会研究的先驱之作的意义。

本书的主要特点和看点如下。

第一，资料翔实可靠。作者从对天津市档案馆尘封多年的天津银行公会档案资料整理入手进行研究，其中案卷级档案540余卷，文件级档案340余卷，包含会议记录、各种信函、账目等。这些档案资料大多是首次公开使用的第一手资料。在使用第一手档案资料的同时还对《天津商会档案汇编》《卞白眉日记》文献资料中有关天津银行公会的资料进行梳理，与未刊档案资料进行对照、互相印证，以增强分析和阐述的可靠性。

第二，从研究对象出发，选择和运用多学科理论与方法。经济史虽然是隶属于理论经济学一级学科的一个二级学科，但是其学科特性还是史，正如熊彼特所说："如果一个人不掌握历史事实，不具备适当的历史感或历史经验，他就不可能理解任何时代（包括当前）的经济现象。"[1] 本书根据研究对象的特点，在第一至三章主要采用了历史学和制度经济学相结合的分析方法，在梳理档案资料的基础上，从制度的需求与供给的角度，通过对天津

---

[1] 熊彼特：《经济分析史》第一卷，商务印书馆，1991，第29页。

银行公会产生和发展演变的历史过程、会员的组成、基本职能和主要业务活动等的阐述，回答了天津银行公会"是什么"的问题。而在第四至六章则综合运用金融学、财政学、公共政策理论、博弈论等理论和方法对天津银行公会的市场功能、社会角色及其与政府之间的关系进行分析。

第三，史为今用，本书研究结论对现实的启示。本书将天津银行公会的产生与发展置于经济全球化的大背景下以及中国近代化的历史进程中进行研究，分析其在近代中国北方经济和金融中心天津产生的必然性，以及由于中国近代经济发展的先天不足造成对其发展和作用发挥的限制。本书研究得出的银行同业公会行业共同体的角色、社会公共品提供的决策机制、行业共同体与政府之间的关系对社会经济发展的作用等结论，对仍然在市场经济体制发展和完善进程中的现代中国依然具有借鉴的作用。

第四，本书的研究是天津同业公会研究的一项填补空白之作，丰富了中国同业公会的研究。本书对天津银行公会档案的挖掘和整理，为中国经济史研究资料建设做出了贡献。

近年来经济学和经济史研究中过度追求理论方法、范式化的研究倾向有碍于中国经济史研究的深入，回归经济史研究的本源，重视史料发掘，是经济史研究应该提倡的。张百顺是一个踏踏实实的年轻人，进入南开大学经济史专业攻读博士学位的几年，他具有严谨的治学态度，在刻苦读书听课中一步步逐渐找到研究经济史所需的历史感，在论文选题确定后，踏实肯干的性格使他从面对浩繁的档案不知如何入手，到每天在档案馆享受阅卷中探寻犹如在矿山中探宝，很快进入了角色。

诚然，如作者在本书《后记》中所言，这是他对天津同业公会研究的开始，还有一些缺欠有待进一步完善，研究有待进一步深入，作为一个经济史研究的新人我们期待着他在同业公会研究领域取得更多高水平的研究成果。同时也期待着新一代中国经济史学人，从扎实的史料功夫做起，回归经济史研究的本源，推动经济研究的深入和健康发展，让经济史研究发挥构建中国特色经济学理论的基础作用。

王玉茹

2017 年 6 月

内容提要

　　本书的研究对象是1918~1936年的天津银行公会，研究目的是探讨天津银行公会诞生、存在与发展的规律及其外部联系，为我们今天所面对的问题提供一些历史的借鉴。本书共六章，分为上、下两篇。其中，上篇包括第一、二、三章，聚焦于天津银行公会本身，回答"是什么"的问题，主要介绍天津银行公会成立的历史背景、制度演进、业务活动。第一章在分析天津银行公会成立的历史背景的基础上，简要地介绍其成立过程及其会员情况。第二章将天津银行公会看作一种向会员提供公共品或服务的有机系统或装置，以此为基础将天津银行公会的相关制度分为三类，即日常决策制度、财务管理制度、经费分担制度，并对其分别进行介绍。第三章从便利会员营业、维护市场秩序、沟通银行与政府三个方面介绍天津银行公会的具体业务活动。

　　下篇包括第四、五、六章，通过研究案例的方式，探讨天津银行公会的外部联系。第四章将政府举借内债当作一种市场行为，并以民国时期直隶（河北）省地方政府与天津银行公会为代表的各银行间的一些借贷史实为支撑，来探讨天津银行公会在这一市场中的作用。我们看到商人组织的存在确实有利于缓解政府承诺问题，直隶省地方政府借贷市场的持续存在无非是政府与这些商人组织为各自所代表的利益而不断博弈的结果。第五章通过对"检查准备金案"的剖析，使我们认识到在制度塑造过程中，政府与商人组织之间并非简单的"二分法"式权力替代关系，二者之间似乎存在着某种界限，而强制力在这种界限的划分中起着决定性作用。在强制力缺失的前提下，作为行业共同利益代表者的行业组织并不总是能有效地推进制度塑造，其在制度塑造中的作用最终取决于理性个体之间的博弈均衡。第六章以维持直隶省钞案为中心，来考察以银行公会、商会为代表的商人组织与政府各自在平息金融风潮、恢复货币信用中的不同作用以及在这一过程中所体现的商人组织间以及商人组织与政府间复杂的利益博弈。我们看到，维护省钞信用、平息挤兑风潮是政府与商界的共同选择，符合双方利益，在实际中二者也表现出通力合作的一面，在维持省钞中发挥了各自的不同作用。而维持省钞最终失败的原因并非仅仅是政府的单方面违约，而是各方利益博弈的必然结果。

  当前中国"深化经济体制改革的核心是处理好政府与市场的关系"，并"让市场在资源配置中起决定性作用"。在现代市场经济中，企业是重要的市场主体，作为一种基于行业共同利益的企业联合体，行业协会既是政府进行经济管理的社会组织，也在市场秩序的塑造和维护方面发挥不可或缺的作用。诚如钱穆先生所言，"在现时代中找问题，在过去时代中找答案"，本书揭示的天津银行公会存在与发展的历史经验，似乎可以在某种程度上为我们当前的行业协会改革实践提供一些有益的启示。

目 录

导 论 ·· 001

上 篇

第一章 天津银行公会诞生的历史背景 ······················ 017
  第一节 社会转型背景 ·· 017
  第二节 行业发展背景 ·· 027
  第三节 天津银行公会的创设及其主要会员 ············ 035

第二章 天津银行公会制度的制度演进 ······················ 043
  第一节 日常决策制度 ·· 044
  第二节 财务管理制度 ·· 052
  第三节 经费分担制度 ·· 055
  第四节 制度演进的内在逻辑 ······························ 058

第三章 天津银行公会的业务活动 ··························· 064
  第一节 便利会员营业 ·· 065
  第二节 维护市场秩序 ·· 071
  第三节 沟通银行与政府 ····································· 077

下 篇

第四章 天津银行公会与政府借贷市场 ······················ 087
  第一节 直隶省地方政府信用与政府借贷市场 ········· 089

第二节　商人组织在解决政府承诺问题中的作用 ……… 091
　　第三节　直隶省地方政府借贷市场中的银行公会 ……… 094

第五章　天津银行公会与金融制度塑造：检查准备金案 … 109
　　第一节　弱政府背景下的政策执行 ……………………… 111
　　第二节　检查准备金案的经过 …………………………… 116
　　第三节　天津银行公会行为的内在机理 ………………… 122

第六章　天津银行公会与货币信用维护：维持直隶省钞案 … 127
　　第一节　20世纪20年代直隶省银行挤兑风潮 ………… 128
　　第二节　政府与商人组织共同维持省钞 ………………… 130
　　第三节　维持省钞失败的原因 …………………………… 140

结　语 ……………………………………………………………… 159

附录Ⅰ　天津银行公会存在与发展的内在逻辑探析
　　　　　（1918—1936）………………………………………… 165

附录Ⅱ …………………………………………………………… 189

参考文献 ………………………………………………………… 235

后　记 …………………………………………………………… 259

导　论

　　近代中国的工商业同业公会脱胎于明清以来的行会、会馆或公所，最早零星地出现于鸦片战争后的中国各通商口岸，并伴随着口岸城市工商业的发展而不断扩展，到民国时期更是呈蓬勃之势，成为中国工商业同业组织从传统向现代转变的一个重要标志。[①] 学界对近代中国行业组织的研究肇始于民国时期，虽然总体而言，这一时期的研究略显粗糙，但难能可贵的是，它们代表了那个时代的人们对这一事物的敏锐观察与理性思考，具有较高的史料价值。[②] 新中国成立后，同业公会组织结构逐渐单一化，功能不断弱化。[③] 计划经济体制确立以后，同业公会的活动空间更是不复存在，最终只好暂时退出历史舞台。正因如此，这一时期同业公会的研究从属于封建性行会问题的研究，很少有关于同

[①] 朱英：《近代中国商会、行会及商团新论》，中国人民大学出版社，2008，第 284 页；彭南生：《近代工商同业公会制度的现代性刍论》，《江苏社会科学》2002 年第 2 期，第 132~138 页。

[②] 朱英：《中国近代同业公会与当代行业协会》，中国人民大学出版社，2004，第 36 页。

[③] 崔跃峰：《1949-1958 年北京市同业公会组织的演变》，《北京社会科学》2005 年第 1 期，第 106~113 页。

业公会的专题研究①，这一状况直到20世纪80年代中期才开始得到扭转。

1984年，在中共十二届三中全会上通过的《中共中央关于经济体制改革的决定》明确提出："社会主义计划经济是在公有制基础上的有计划的商品经济，商品经济的充分发展是社会经济发展的不可逾越的阶段，是实现我国经济现代化的必要条件。"②在这样的历史背景下，政府对行业的管理模式开始由直接管理向间接管理转变，为此，很有必要发挥行业组织的作用。③于是，自20世纪80年代末以来，尤其是中国共产党第十四届三中全会明确建立市场经济体制的目标以后，随着市场经济体制的确立和不断完善，更加之政府的引导与鼓励，行业组织在中华大地上如雨后春笋般建立起来。社会实践不可避免地拉动了学术研究的需求，在对行业组织的特征、性质、职能，建立行业组织的必要性、可行性及其在政府经济管理和行业自治中的作用等问题进行探讨的同时④，学界的目光开始投向近代中国历史上的行业组织，并在近十年间逐渐成为除商会之外，

---

① 比较具有代表性的有李华所著《明清以来北京的工商业行会》一文。参见李华《明清以来北京的工商业行会》，《历史研究》1978年第4期，第63~79页。
② 《中共中央关于经济体制改革的决定》，http://www.chinalawedu.com/falvfagui/fg22016/11389.shtml，1984年10月20日。
③ 薛暮桥：《建立和发展行业民间自治团体》，《中国工商》1988年第11期，第12~14页。
④ 例如，赵振冰：《浅谈建立和发展同业公会的重要性、必要性和可能性》，《中国工商》1989年第5期，第17~18页；程依武：《加强行业管理的一种好形式——同业公会有关问题初探》，《中国工商》1989年第10期，第15~17页；李修义：《同业公会是实行行业管理的一种好形式》，《中国经济体制改革》1989年第5期，第34~35页。

另一个备受学界关注的重要研究领域，积累了一些重要的学术成果。[①]

但由于资料所限，以往的研究多集中于对上海、武汉、成都等地同业组织的探讨，对于天津这个近代中国北方的工商业中心和金融中心的同业组织却关注较少[②]，而近代天津恰恰存在相对完善的同业组织体系。根据笔者对天津市档案馆所藏的一万多卷行业组织档案的摸底统计，1912~1952年的40年间，天津至少存在过240余家行业组织[③]，大到银行业、钱业、轮船业，小到煎饼果子业、锅巴菜业都有自己的行业协会，基本涵盖了近代天津社会所有较为重要的行业，在城市社会经济生活中扮演着非常重要的角色。在这些行业协会中间，作为一种新式金融业——银行业的行业协会，银行公会在近代天津金融市场中起着举足轻重的作用，并和其他商人组织一道在近代天津的社会经济生活中扮演着不可忽视的角色。

近代中国的银行公会诞生于20世纪前10年的中后期，自那

[①] 对于这些学术成果较详尽的评述可参见朱英《近代中国商会、行会及商团新论》，中国人民大学出版社，2008，第275~283页；魏文享《回归行业与市场：近代工商同业公会的新进展》，《中国经济史研究》2013年第4期，第140~155页；朱英、向沁《近代同业公会的经济和政治功能：近五年来国内相关文献综述》，《中国社会经济史研究》2016年第4期，第88~98页。

[②] 例如，王子善：《天津银行同业公会的历史借鉴》，《天津金融月刊》1993年第7期；刘文智：《使命与命运：天津解放初期行业组织的作用与职能及其终结》，《天津大学学报》（社会科学版）2007年第9卷第6期；王静：《略论民国时期天津航业同业公会》，《兰州学刊》2012年第4期；刘程：《抗战时期天津银行公会与日伪的金融统制》，硕士学位论文，宁夏大学，2013；杜希英：《民国时期天津货栈业同业公会探析》，《邯郸学院学报》2013年第23卷第2期。

[③] 参见天津市档案馆藏《天津市各业同业公会档案》，全宗号：J0129，统计时只记有案卷级档案存留的行业协会，也许在历史中存在过的会远远多于此数。

时起，它们就受到了学者的关注，并从促进银行业行业发展的角度，论述银行公会的活动及其重要作用。例如，梁启勋的《说银行公会》①、士浩的《银行公会效能之发挥》②、佚名的《银行公会之职务》③ 等；更有学者将银行公会的组织变迁及其活动编成史鉴，例如，徐沧水编著的《上海银行公会事业史》。④ 建国后，由于历史的原因，银行公会的研究沉寂了很长一段时间。直到20世纪80年代末，随着工商业同业公会研究的逐步推进，银行公会也开始受到越来越多的关注，并主要集中于对上海银行公会的探讨，其中白吉尔、王晶、张天政、郑成林等学者的研究比较具有代表性。⑤

---

① 梁启勋：《说银行公会》，《庸言》1913年第1卷第14号。
② 士浩：《银行公会效能之发挥》，《银行杂志》1923年第1卷第2期。
③ 佚名：《银行公会之职务》，《银行周报》1918年第2卷第30期。
④ 载朱英《近代中国商会、行会及社团新论》，中国人民大学出版社，2008，第279页。
⑤ 除此之外，比较重要的研究成果还有：吴景平、王晶：《"九·一八"事变至"一·二八"事变期间的上海银行公会》，《近代史研究》2002年第3期，第121~145页；金承郁：《上海银行公会（1918-1927）》，《中国史研究》2002年第17辑；张秀莉：《上海银行公会与1927年的政局》，《档案与史学》2003年第1期，第32~38页；张徐乐：《上海银行公会结束始末述论》，《中国经济史研究》2003年第3期，第82~92页；吴景平：《上海银行公会改组风波（1929-1931）》，《历史研究》2003年第2期，第107~122页；郑成林：《上海银行公会与法制建设评述》，《华中师范大学学报》（人文社会科学版）2004年第43卷第4期，第15~23页；郑成林：《上海银行公会与近代中国票据市场的发展》，《江西社会科学》2005年第10期，第47~53页；张天政：《略论上海银行公会与20世纪20年代华商银行业务制度建设》，《中国经济史研究》2005年第2期，第68~76页；郑成林：《上海银行公会组织系统述论（1918-1936）》，《近代史学刊》2007年第3辑，第57~192页；万立明：《上海银行公会与20世纪二三十年代的票据立法》，《社会科学研究》2007年第5期，第169~174页；郑成林：《上海银行公会与近代中国银行信用制度的演进》，《浙江学刊》2007年第4期，第59~65页；张强：《民国时期我国金融同业组织的合法性探析——以上海银行公会为例》，《社会科学家》2009年第9期，第38~41页；郑成林、刘杰：《上海银行公会与1920年代北京政府内债整理》，《华中师范大学学报》（人文社会科学版）2014年第53卷第3期，第113~122页。

导 论

  法国学者白吉尔在其题为《上海银行公会研究（1915-1927）：现代化与地方团体的组织制度》的论文中，考察了1915~1927年上海银行公会的内部组织、外部关系及其重要活动，她强调国家权力干预在现代化进程中起着重要作用，民间团体则在推进现代化进程中的力量相当有限。①朱华、冯绍霆则强调，尽管上海银行家阶层作为民族金融资本人格化的代表还只能算社会新生儿，但已经可以看出是一支生气勃勃、颇具潜力的社会力量，应对他们在中国经济现代化过程中所做出的贡献予以公允地评价。②王晶在其题为《上海银行公会研究（1927-1937）》的博士学位论文中，以1931年为界按时间段分上、下两篇，分别介绍了上海银行公会在不同历史时段内的组织结构、基本活动及其与外部环境的互动，并认为上海银行公会为促进银行业发展所做的种种努力，客观上推动了中国金融业现代化进程。③郑成林在与其博士学位论文《从双向桥梁到多边网络——上海银行公会与银行业（1918-1936）》的同名专著里，以社会网络理论为架构，对1918~1936年上海银行公会的组织演变及其对银行业发展的绩效进行了系统的考察。他认为上海银行公会最突出的功能在于建构了一个供其成员共享的高层平台——制度化的网络体系。④张天政的博士学位论文《上海银行公会研究（1937-1945）》则是以

---

① 白吉尔：《上海银行公会（1915-1927）：现代化与地方团体的组织制度》，《上海研究论丛》1989年第3辑。
② 朱华、冯绍霆：《崛起中的银行家阶层——上海银行公会早期活动初探》，《档案与史学》1999年第6期，第32~41页。
③ 王晶：《上海银行公会研究（1927-1937）》，博士学位论文，复旦大学，2003。
④ 郑成林：《从双向桥梁到多边网络——上海银行公会与银行业（1918-1936）》，博士学位论文，华中师范大学，2003。

1937～1945年上海银行公会为研究对象，并以1941年为界分上、下两篇分别考察了上海银行公会的内部变化及其在金融市场上的活动。[1]

随着对上海银行公会研究的深入和相关档案史料的陆续开放，一些研究者的视野开始触及其他城市的银行行会。例如，胡建敏研究了1930～1937年杭州银行公会的历史沿革、治理结构、对外活动以及经济和社会功能。[2] 刘志英、杨朋辉探讨了1931～1937年重庆银行公会的制度建设及其在稳定金融秩序、协助地方政府整理金融业务、帮助银行业务调整和支持工商业发展等方面所起的重要作用。[3] 张天政、成婧介绍了西京（即西安）银行公会在抗战时期协助政府实施金融监管及引起的金融制度变迁。[4] 胡兵介绍了杭州银行公会的公益功能，并在其与尚雪文合作的论文中，对1945～1949年杭州银行公会组织运营情况进行了探讨。[5] 黄梦婷则对抗战时期北京银行公会历史沿革、内部治理机制、在日伪金融控制下所扮演的角色及其社会活动等方面进行了比较深入的考察。[6]

除此之外，一些学者的著作里对银行公会也有所提及，其中

---

[1] 张天政：《上海银行公会研究（1937-1945）》，博士学位论文，复旦大学，2004。
[2] 胡建敏：《民国时期杭州银行公会研究（1930-1937）》，硕士学位论文，浙江大学，2006。
[3] 刘志英、杨朋辉：《抗战爆发前的重庆银行公会》，《西南大学学报》（社会科学版）2010年第36卷第3期，第181-187页。
[4] 张天政、成婧：《西京银行公会与抗战时期国民政府的金融监管》，《中国社会经济史研究》2013年第2期，第64-74页。
[5] 胡兵：《公益角色：杭州银行公会的社会功能探析》，《兰台世界》2013年第4期，第121-122页；胡兵、尚雪文：《杭州银行公会组织运营研究（1945年-1949年）》，《中北大学学报》（社会科学版）2014年第30卷第3期，第48-52页。
[6] 黄梦婷：《抗战时期的北京银行公会》，硕士学位论文，宁夏大学，2014。

不乏真知灼见。例如，在《中国金融通史》第三卷里，杜恂诚把近代中国华商银行业内部关系分为三个层次，其中，以中、交为核心的"核心—外围"关系为第一层次，"北四行"和"南三行"的协作关系为第二层次，银行公会则为华商银行业内部的第三个层次，并分别对上海、汉口、天津等地的银行公会及银行会之间的联合行动问题进行了简明扼要的介绍。[①]

与其他城市银行公会的研究（尤其是上海银行公会）比起来，对天津银行公会的研究是非常薄弱的，这也是天津金融史研究相对薄弱的一个重要表现。截至目前，对于天津银行公会的专题探讨仅有王子善（1993）的《天津银行同业公会的历史借鉴》一文对天津银行公会的历史演进及其作用进行了简明剖析[②]，以及刘程对抗战时期天津银行公会进行了相对深入的研究[③]。尽管如此，作为近代天津金融业的一个重要的同业组织，很多著作都不可避免地对天津银行公会有所涉及。例如，杨荫溥[④]、吴石城[⑤]、沈大年[⑥]、中国人民银行总行金融所金融历史研究室[⑦]、Brett Sheehan[⑧]、龚

[①] 杜恂诚：《中国金融通史》（第三卷：北洋政府时期），中国金融出版社，1996，第158~172页。

[②] 王子善：《天津银行同业公会的历史借鉴》，《天津金融月刊》1993年第7期，第42~44页。

[③] 刘程：《抗战时期天津银行公会与日伪的金融统制》，硕士学位论文，宁夏大学，2013。

[④] 杨荫溥：《杨著中国金融论》，上海书店，1991。

[⑤] 吴石城：《天津金融界之团结》，《银行周报》第19卷第32期，1935年8月20日。

[⑥] 沈大年：《天津金融简史》，南开大学出版社，1988。

[⑦] 中国人民银行总行金融所金融历史研究室：《近代天津的金融市场》，中国金融出版社，1989。

[⑧] Brett Sheehan, *Trust in Troubled Times*: *Money, Banks, and State-Society Relations in Republican Tianjin* (Massachusetts: Harvard University Press, 2003), p.269.

关[①]等的著作都不同程度地提到天津银行公会，内容涉及对天津银行公会成立过程、早期活动、内部组织、与政府及其他商人组织的关系及其在金融市场中的作用等诸多方面，但基本都停留在简单的历史描述层面，缺乏深入系统的理论探讨，却为本书的研究提供了宝贵的文献线索。

当前中国"深化经济体制改革的核心是处理好政府与市场的关系"，并"让市场在资源配置中起决定性作用"。在现代市场经济中，企业是重要的市场主体，作为一种基于行业共同利益的企业联合体，行业协会既是政府进行经济管理的社会组织，更将在市场秩序的塑造和维护方面发挥不可或缺的作用。2007年的中共十七大报告，将"规范发展行业和市场中介组织"作为健全现代市场体系的一项重要内容[②]；2013年的中共十八届三中全会更是明确指出，"适合由社会组织提供的公共服务和解决的事项，交由社会组织承担。支持和发展志愿服务组织，限期实现行业协会商会与行政机关真正脱钩，重点培育和优先发展行业协会、商会类社会组织"。[③] 但这里面仍有一系列问题值得我们进行深入细致的思考，例如，行业协会为什么会产生，其性质是什么，有什么样的市场作用；政府为什么要支持行业协会的发展，其存在与发展是否有自身的内在规律，抑或仅是政策扶持的结果；行业协会与其他商人组织以及政府之间的关系到底是怎样的，政府与行业

[①] 龚关：《近代天津金融业研究（1861-1936）》，天津人民出版社，2007。
[②] 《胡锦涛在中国共产党第十七次全国代表大会上的报告》，http://news.xinhuanet.com/politics/2007-10/24/content_ 6939223.htm，2007年10月24日。
[③] 《中共中央关于全面深化改革若干重大问题的决定》，http://www.gov.cn/jrzg/2013-11/15/content_ 2528179.htm，2013年11月15日。

导 论

协会商会在市场中的权力边界是如何形成的等。诚如钱穆先生所言，"在现时代中找问题"，"在过去时代中找答案"。[①] 在这样的时代背景下，对近代中国历史上的同业组织进行细致的研究就具有了很强的现实意义，但愿历史的研究可以为今天我们所面对的问题提供一些有益的启示。同时，这也正是本书作者选择致力于研究近代中国同业公会研究的初衷。

天津银行公会是近代中国成立最早的银行公会之一，自1918年2月创立至1952年9月后逐渐结束会务，持续了整整34年。在这34年里，天津银行公会虽历经坎坷，却始终秉持"联络同业感情，维持公共利益，促进银行业之发达，矫正营业上之弊害"的宗旨，在维护银行业共同利益、促进银行业发展方面发挥着不可忽视的作用，在近代天津金融市场以及社会经济生活中扮演着不可或缺的角色，并和其他城市的银行公会一起对近代中国的金融市场稳定、金融制度创新、财政金融体制改革等领域发挥了应有的作用。

从政府与银行公会关系的角度，我们可以粗略地将天津银行公会的发展划分为三个阶段。

第一阶段从天津银行公会成立到日军占领天津前。这一阶段政府对于银行公会的运行只限于正常的监督和管理。1918年2月14日，中国银行、交通银行、直隶省银行、中孚银行、兴业银行、北洋保商银行、浙江兴业银行、殖业银行、盐业银行九家银行发起创设了天津银行公会，并拟定《天津银行公会办事细则》

---

① 钱穆：《中国历史精神》，九州出版社，2012，第15页。

作为公会的办事依据。成立之初，天津银行公会实行值年管理制；1920年3月，改为董事制；1930年1月，复由董事制改为委员制，仍以银行为主体；1931年3月，依据中华民国公布的《工商同业公会法》改组，更名为天津市银行业同业公会。天津银行公会的会址最初在北门内与钱业公会相邻；1921年3月，迁至法租界32号路门牌163号；1931年2月，迁至英租界达文波路门牌153号。[①]

第二阶段是日军侵占天津到抗日战争胜利。1937年7月，日军侵占天津，其后天津银行公会进入非正常的发展轨道，逐步沦为日军控制天津金融的工具。[②]

第三阶段是抗日战争胜利到社会主义工商业改造。抗日战争胜利以后，天津银行公会更名为"天津市银行商业同业公会"，一直到天津解放。1951年3月，天津银钱两业公会合并为天津市金融业同业公会。随着公私合营工商业改造的推进，天津银行公会的功能逐步弱化，大体于1952年10月正式结束会务。[③] 这一阶段天津银行公会在动荡的政治更迭中不断寻找自己的历史定位，在完成了协助金融业公私合营的历史使命后退出了历史舞台。

在本书中，我们将天津银行公会活动受政府非正常干预较少

[①] 《天津银行公会组织沿革摘录》（1937年），天津市档案馆，档案号：J0129-002-001004-017。

[②] 刘程：《抗战时期天津银行公会与日伪的金融统制》，硕士学位论文，宁夏大学，2013，第25~57页。

[③] 参见王子善《天津银行同业公会的历史借鉴》，《天津金融月刊》1993年第7期，第42~44页。需要说明的是，笔者查询档案发现公会1952年9月17日的会议记录，参见《天津市金融业同业公会全体会员大会会议记录》（1952年9月17日），天津市档案馆藏天津市各业同业公会档案J0204-002-000931，故王子善文中所提公会于"1951年10月结束"或系笔误。

的第一阶段，即1918~1936年作为考察范围，主要聚焦于两方面内容：第一，天津银行公会本身，回答"是什么"的问题，主要介绍天津银行公会成立的历史背景、制度演进、业务活动等；第二，天津银行公会的外部联系，探讨天津银行公会在金融市场运行中的作用。据此，我们将本书的六章分为上、下两篇。

上篇包括第一、二、三章，其中，第一章在分析天津银行公会成立历史背景的基础上，简要地介绍其成立过程及其会员情况。第二章我们将天津银行公会看作一种向会员提供公共品或服务的有机系统或装置，以此为基础将天津银行公会的相关制度分为三类，即日常决策制度、财务管理制度、费用分担制度等，并对其制度演进的内在逻辑进行了初步探讨。第三章从便利会员营业、维护市场秩序、沟通银行与政府之间联系三个方面介绍一些天津银行公会具体业务活动。下篇包括第四、五、六章，本篇主要关注天津银行公会的外部联系。其中，第四章将政府举借内债当作一种市场行为，并以民国时期直隶（河北）省地方政府与天津银行公会为代表的各银行间的一些借贷史实为支撑，来探讨天津银行公会在这一市场中的作用。第五章通过案例研究的方式，探讨天津银行公会在近代中国发行准备金制度创造过程中的表现，并进一步透视近代中国政府、商人组织（主要是天津银行公会与商会）在制度塑造过程中的复杂而微妙的关系。第六章以维持直隶省钞案为中心，来考察以银行公会、商会为代表的商人组织与政府各自在平息金融风潮、恢复货币信用中的不同作用以及在这一过程中所体现的商人组织间以及商人组织与政府间复杂的利益博弈。

从根本上讲，经济史研究属于一种历史研究。"历史研究本来应当具有实证分析（positive analysis）和规范分析（normative analysis）两种功能。"所谓"实证分析"，就是将所论事物放在当时的历史条件下，在占有丰富而可靠的史料的基础上，实事求是地进行考察，也就是历史主义的方法论。所谓"规范分析"，就是要用当代的眼光强调问题意识，对所论事物及其潜在效应做出价值判断，这样我们才能以史为鉴，古为今用。[①]

天津市档案馆藏有大量的同业公会档案，其中，涉及天津银行公会（1918~1936年）的案卷级档案（全宗号：J0129）共计540余卷，文件级档案约340余件。这些档案内容涉及会议记录、各种信函、账目等，其中大多是未曾公开过的，当然也是未曾被利用过的，可谓是第一手资料，可以很好地体现历史的原貌。除第一手的原始档案外，《天津商会档案汇编》《卞白眉日记》等资料中也有大量关于天津银行公会活动的文献线索，可以与未刊档案相对照，互相印证，增强论断的可靠性。

在占有丰富而可靠的史料基础上，本书的研究涉及历史学、经济学、政治学、社会学等诸多学科的知识，具体研究方法如下。第一，理论与历史相结合的方法。历史研究的一个重要目的是以史为鉴，而要做到以史为鉴就必须对历史有相对准确的认识。我们的眼光不够，必须由抽象力来代替，准确认识的获得必须借助理论的洞察力。但是，理论是从社会历史实践中抽象出来的，它的科学性需要经受史料文献的进一步检验。于是，在历史

---

① 吴承明：《经济史理论与实证》，浙江大学出版社，2012，第266页。

研究的过程中，就需要理论与历史之间的不断对话，在这一对话过程中，我们的认识不断地接近历史真相，也不断使我们的理论得到检验和完善，以史为鉴也就成了顺理成章的事。第二，案例分析法。历史研究中的案例分析可以将繁杂的历史文献整理成一个个具有来龙去脉的故事，其作用在于提供一个理论和历史进行对话的平台。第三，博弈分析法。博弈是一个或几个拥有绝对理性思维的人或组织，在一定条件下，遵守一定的规则，从各自允许的行为或策略中进行选择并加以实施，并从中各自取得相应结果或收益的过程。博弈分析法可以为我们在历史研究中探讨各种利益主体间的复杂关系提供一定的思维框架。

上 篇

本篇包括第一、二、三章，聚焦于天津银行公会本身，以逻辑与历史相结合的方法，探讨天津银行公会诞生的历史背景、制度演进及其主要的业务活动，回答天津银行公会"是什么"的问题，在此基础上，我们试图从经济学的角度揭示天津银行公会存在与发展的内在逻辑。第一章从制度需求的角度，分析天津银行公会成立的社会历史背景和行业发展背景。我们看到，天津银行公会的诞生不仅根植于近代中国社会转型的深厚背景，而且是在近代天津银行业发展到一定程度，行业共同利益日益凸显的历史背景下诞生的，是一种集体行动的制度建构。第二章从制度供给的角度，将天津银行公会看作一种向会员提供公共品或服务的有机系统或装置，以此为基础将天津银行公会的相关制度分为三类，即日常决策制度、财务管理制度、经费分担制度，并对其演进的内在逻辑进行探讨。第三章介绍的便利会员营业、维护市场秩序、沟通银行与政府之间联系等方面具体业务活动无非是天津银行公会向其会员提供的公共品或公共服务的具体表现形式。

第一章
天津银行公会诞生的历史背景

作为一种基于行业共同利益的集体行动的制度建构,天津银行公会的诞生有其特定的历史背景,下面从社会转型和行业发展两个角度对这一问题进行探讨。我们发现,天津银行公会的诞生不仅是近代中国社会转型呼唤新的社会经济治理机制的客观要求,而且是近代天津银行业日益发展、行业共同利益日益凸显的必然结果。

第一节 社会转型背景

近代中国的社会转型是指中国社会由传统向近代转化的过程,即所谓的近代化。中国的近代化进程是在内忧外患的背景下开启的,开始主要侧重于为巩固国防服务的经济近代化,而后逐步向政治、社会、文化等领域渗透,与之相伴随的是商人社会地位的提高及其社会经济活动空间的扩大,突出的表现是一系列新式商人团体的建立,天津银行公会正是在这一背景下成立的。从这个意义上说,它是近代中国社会转型的产物。

公元1500年前后的地理大发现，为西欧民族国家提供了广阔的商品销售市场和原料产地，并由此促进了商业革命的产生，而商业革命又引发了工业革命的兴起，开启了世界史的工业时代。在工业革命的进程中，西欧强国在不到一百年的时间内创造了以往一切时代都无法比拟的物质文明。① 与此同时，作为历史悠久的东方文明大国——中国正处在以"天朝上国"自居的清朝。相形之下，中国在经济、政治、科技、军事甚至文化等方面都大大落后于西方国家。② 中国在两次鸦片战争中的失败印证了这一点。同时，持续十多年对太平军和捻军的镇压，也使清政府财政雪上加霜，导致其统治力极度削弱。于是，一种"数千年未有之大变局"的挑战摆在中国士大夫的面前。

真正重要的除了认识到这种挑战，还有怎样面对它。毫无疑问的是，"新的工业的建立已经成为一切文明民族的生命攸关的问题"③，原因在于以工业化为核心的经济近代化是一切现代文明的物质基础。但是中国的士大夫并未从1840年鸦片战争失败的教训中找到正确的道路，"使中华民族白白丧失了二十年的光阴"。直到第二次鸦片战争，英法联军再次向中国人民展示船坚炮利的时候，清政府的统治者才真正认识到建立现代工业的重要性。但

---

① 关于这一点，马克思曾在《共产党宣言》中这样评价道："资产阶级在它的不到一百年的阶级统治中所创造的生产力，比过去一切世代创造的全部生产力还要多，还要大。自然力的征服，机器的采用，化学在工业和农业中的应用，轮船的行驶，铁路的通行，电报的使用，整个整个大陆的开垦，河川的通航，仿佛用法术从地下呼唤出来的大量人口，——过去哪一个世纪料想到在社会劳动里蕴藏有这样的生产力呢？"

② 蒋廷黻：《中国近代史》，武汉大学出版社，2012，第1~2页。

③ 《共产党宣言》，载《马克思恩格斯选集》第一卷，人民出版社，1972，第2页。

他们并不想谋求彻底变革，而是坚持"中学为体，西学为用"。于是，他们以"自强"和"求富"为目的，掀起了一场轰轰烈烈的"师夷长技"的洋务运动，由军用到民用，由官办、官督商办到民营，自此迈开了近代中国的工业化步伐。

1894~1895年的中日甲午战争，北洋水师的全军覆没宣告了洋务运动的破产，也使中国的士大夫认识到，"近代化的国防不但需要近代化的交通教育经济，并且需要近代化的政治和国民，半新半旧是不中用的"。① 因为所谓的近代化建设是一个系统性的工程，包括知识、政治、经济、社会、思想等诸多方面。② 就经济的近代化而言，不单单是生产力方面的进步，还包括自然经济向商品经济的转化，以及与之相伴随的经济组织和制度安排的变迁和重组。③ 于是，就有了百日维新、清末"新政"，以及辛亥革命后北京政府的一系列促进工商业发展的制度变革。

早在1895年，光绪帝就发布了"恤商惠工"的谕令。到1896年，清政府批准总理衙门所奏，在各省设立商务局，以便更好地"恤商之诚""行护商之政"。1898年，戊戌变法期间，光绪帝颁布诏书，提倡创办实业，鼓励商办矿务、铁路。④ 1901年4月，清政府开始推行"新政"，其经济方面的改革主要围绕"振兴商务，奖励实业"，并于1903年设立商部，专司其责。商部成立后，制定并颁布了《商人通例》《公司注册章程》《公司

---

① 蒋廷黻：《中国近代史》，武汉大学出版社，2012，第1~2页。
② 吴承明：《经济史理论与实证》，浙江大学出版社，2012，第267~268页。
③ 张东刚：《商会与近代中国的制度安排与变迁》，《南开经济研究》2000年第1期，第70~74页。
④ 中国近代史编写组编《中国近代史》，高等教育出版社、人民出版社，2012，第174页。

律》《破产律》等一系列保护和规范工商业者经营活动的法规律令,并制定了《奖励华商公司章程》《华商办理农工商实业爵赏章程》等奖励兴办实业的章程。[①] 1912年辛亥革命后,更是加速促进工商业发展方面的制度革新。据统计,1912~1916年的5年间,北京政府颁布的有关实业发展的各种法规律令达86项之多,其中,与工商业发展密切相关的主要有《暂行工艺品奖励章程》《公司条例》《公司休息条例》《商人通例》《公司注册规则》等。[②] 这些鼓励工商业发展和保护商人权益的政策措施、法规律令的相继出台,在一定程度上为中国资本主义工商业的发展扫除了一些制度上的障碍。1894年,中国的新式企业还只有100多家,而到了1913年就已达549家;投资也从1905年的6100多万元增加到12000多万元。[③]

与工商业的快速发展相对应的是商人社会地位的提高及其经济社会活动空间的扩大,并由此带来了国家与社会关系以及官商关系的重塑。国家逐步失去了作为向社会成员提供资源和机会的唯一源泉的地位,而社会正在成为另外一个相对独立的提供资源和机会的源泉。[④] 在这样的社会经济背景下,一方面,各种商人社会团体有了自己的活动空间,据统计,截至1912年,全国的商

[①] 中国近代史编写组编《中国近代史》,高等教育出版社、人民出版社,2012,第229~231页。
[②] 张静如、刘志强、卞杏英:《中国现代社会史》,湖南人民出版社,2004,第38页。
[③] 陈志让:《军绅政权:近代中国的军阀时期》,广西师范大学出版社,2008,第13~14页。
[④] 宋美云:《近代天津商会》,天津社会科学院出版社,2001,第33~54页。

第一章 | 天津银行公会诞生的历史背景

会总数已达900多个,并在政府的倡导下组建了各类新式商人团体。[①]另一方面,在这样的时代潮流下,政府也感到有必要让一些新式的商人社会团体来发挥"通官商之邮"的中间治理职能,并通过制定一系列相关的法规律令来规范这些商人社会团体的活动。

1904年1月,清政府商部奏定《商会简明章程》规定,"凡属商务繁富之区,不论系会垣,系城埠,宜设立商务总会,稍次之设立分会"[②];并期望通过设立商会,达到"上下一心,官商一气,实力整顿,广辟利源"[③]的效果。在政府劝办商会初期,把各类行业组织(如商业公所、商务公会等)当作商会看待,只注重商会的建设,"凡各省各埠如前经各行众商公立有商业公所及商务公会等名目者,应即遵照现定部章,一体改为商会,以归画一"[④],而忽视对工商业同业团体的改造。但在实践中,商会和政府都逐步认识到,作为跨行业商人团体,商会并不能代替各类行业组织起到"联络同行,改良业务"的作用。各行业也在政府和商会的默许或支持下,纷纷建立自己的行业组织。在名称上有公所,也有研究所或研究会,但其成立的目的,无非是"联络同行,改良业务"等。

在这样的形势下,北京政府农商部于1917年颁布了《工商

[①] 郑成林:《从双向桥梁到多边网络——上海银行公会与银行业(1918-1936)》,博士学位论文,华中师范大学,2003,第21页。
[②] 天津市档案馆等编《天津商会档案汇编:1903-1911》,天津人民出版社,1987,第22页。
[③] 天津市档案馆等编《天津商会档案汇编:1903-1911》,天津人民出版社,1987,第29页。
[④] 天津市档案馆等编《天津商会档案汇编:1903-1911》,天津人民出版社,1987,第21页。

同业公会规则》，1918年进行了修订并制定了实施办法，规定"工商业者得设立同业公会"，并规定工商同业公会以"维持同业公共利益"为宗旨。[①] 值得强调的是，为了支持和鼓励银行公会的创建，北洋政府早在1915年就颁布了《银行公会章程》，并于1918年对其进行了修订。《银行公会章程》规定"各处银行钱庄银号等应照本章程组织银行公会"，其业务范围包括："一、受财政部或地方长官委托办理银行公共事项；二、办理支票交换所及征信所事项；三、办理预防或救济市面恐慌事项。"[②] 这些法规的颁布为银行公会的创设提供了法理依据，解决了正式制度下的合法性问题。与此同时，一些银行业发达的城市开始筹建银行公会，到1920年12月第一届全国银行公会联合会议在上海召开时，全国已设有上海、北京、天津、汉口、济南、杭州、蚌埠七家银行公会。[③]

以上我们就整个近代中国社会转型做了总体的介绍，在这种社会转型背景下，近代中国产生了对银行公会这种社会经济治理机制的需求，下面我们再看近代天津的社会经济发展状况。

天津因漕运而兴，自古是南北商贾云集之地，来自各地的商人为了避免外地商人的排挤，保护自己的切身利益，也为了在异乡找到身份的认同，组建了一些以乡谊、地缘为基础的会馆或公所。例如，1739年组建的闽粤会馆、1753年组建的江西会馆、1761年组建的山西会馆、1868年组建的怀庆会馆、1886年组建

---

① 天津市档案馆等：《天津商会档案汇编：1912-1928》，天津人民出版社，1992，第192-195页。
② 周葆銮：《中华银行史》第八编第五章，文海出版社，1919。
③ 郑成林：《从双向桥梁到多边网络——上海银行公会与银行业（1918-1936）》，华中师范大学出版社，2007，第117页。

的安徽会馆和浙江会馆、1887年组建江苏会馆,另外还有邵武公所、潮帮公所、庐阳公所、绍兴会馆、两江会馆等。这些会馆或公所大多是本地同籍官员和商人共同相聚之所,除维护商业利益外,更多的是举办一些社会性和公益性的活动,可被视为"横跨阶级地位的移民社会组织",其功能多为同乡汇集、祭祀,或创办公益善举,如停寄棺柩,布施医药及开设义塾等。①

1860年开埠以后,天津对内作为洋务运动的北方中心,对外成为联结中西交往的桥梁,逐渐发展为中国北方的工商业中心和金融中心,成为中国近代社会转型的一个缩影。但直到1900年的"庚子事变"发生前,天津工商业者并未建立起自己的统一组织,而传统的会馆或公所显然已经不能适应新时期维护商人利益的要求,一些中国商人为了避免官府的敲诈勒索,甚至不惜求助于洋商的庇护。例如,从事起运行的中国商人认为,"不借资外人,则关津之留难,路局之欺压,随在而有"。不仅如此,他们还受外商钳制,"均为外商居奇,津人有出资本为此业者,亦皆附于洋商,仰人气息"。②

1902年8月15日,作为直隶总督的袁世凯,代表清政府从都统衙门手中接回天津的统治权,随后袁世凯以天津为基地开始推行囊括政治、经济、军事、社会、教育等方面的一系列新政措施。1906年设立天津府自治局、地方自治研究所、天津自治期成会,推行地方自治,并于翌年设立天津县议事会,其目的在于给

---

① 罗澍伟:《近代天津城市史》,中国社会科学出版社,1993,第268~271页。
② 罗澍伟:《近代天津城市史》,中国社会科学出版社,1993,第273页。

城市绅商提供一个参与城市社会管理和控制的途径。[1] 不管袁世凯新政的主观动机如何，它在客观上对改革旧制度、稳定社会秩序、促进经济发展等方面，都起到了积极作用。[2] 在这样的背景下，清末的天津开始出现一系列商人社会团体，这些社会团体具有与中国传统的公所、会馆所不同的特征：会馆、公所等大都基于地缘乡谊，是同乡各阶层寻求乡土认同的聚集之所；而它们却是以业缘为基础，以共同的商业利益为纽带联系在一起的，其目的主要是减少各种市场的不确定性，维护各自的商业利益[3]，我们可以从清末天津一些商人社会团体的宗旨中窥其一斑（如表1-1所示）。

表1-1　清末天津社会团体情况（截至1909年）

团体名称	宗旨	立案日期
天津商务总会	保护商业，开通商智	光绪三十年十二月
中等商业学堂	授商业之知识艺能，使将来实能从事商业	光绪三十二年七月
天津商报馆	开商智、联商情、兴商利、除商弊	光绪三十一年八月

---

[1] 罗澍伟：《近代天津城市史》，中国社会科学出版社，1993，第335页。
[2] 来新夏：《天津近代史》，南开大学出版社，1987。
[3] 德国著名社会学家斐迪南·滕尼斯曾从人类群体生活的现实中抽象地将人类结合的方式概括为两种类型：共同体与社会。他认为，共同体是建立在有关人员本能的中意或习惯制约的适应，或者与思想有关的共同记忆之上；血缘共同体、地缘共同体和宗教共同体是其基本形式。而社会则是一种目的的联合体，它产生于众多的个人的思想和行为的有计划的协调，个人预计共同实现某种特定的目的会于己有利，因而聚合在一起共同行动。参见〔德〕斐迪南·滕尼斯《共同体与社会》，林荣远译，商务印书馆，1999。粗略地讲，传统的会馆、公所属于共同体形式的结合，而这些商人团体则是社会形式的结合。

续表

团体名称	宗旨	立案日期
天津戒烟善会	锐意图强，禁止吸烟	光绪三十二年十一月
北洋水火保险公司	先保天津一埠火险，俟办有成效添设京省、营口各埠分行，并酌保水险	光绪三十四年二月
天津裕善防险会	保火险，挽利权	光绪三十二年五月
天津裕安防险会	保火险，挽利权	光绪三十三年二月
天津公益防险会	收回利权，维持公益	光绪三十四年三月
天津钱商公估局	维持市面，验估银色	光绪三十四年九月
天津钱商公会	研究各事，兴利除弊	宣统元年三月
直隶赞助出品公司	提倡工业，振兴实业	宣统元年九月
天津筹还国债会	上辅国计，下计民生	宣统元年十月

资料来源：天津市档案馆等《天津商会档案汇编：1913-1911》，天津人民出版社，1992，第94页。

需要指出的是，这些社会团体的出现与政府的支持和鼓励是分不开的。以天津市商会为例，袁世凯接管天津伊始，就设立商务局，并任命一些巨商担任总办、帮办和局董，想借此稳定天津市面秩序。但这种官办机构衙门味十足，既无力制止危机，也得不到天津众商的支持，不久便被天津商人自己的组织——商务公所替代，并得到了袁世凯的支持。在该公所呈请设立的公文中，袁世凯这样批复道："目前津市关系紧张，仰即督同绅董迅速切实开办，通筹利弊，力图补救，以振商务而维大局。"商务公所即为天津市商会的前身，其成立使得商人可以直接参与城市社会的管理和控制；商务公所处理商家债务纠纷的职能也有助于减轻城市司法部门的压力，降低司法成本。①

需要强调的是，为了更好地"联络同业感情""兴利除弊""维护同业利益""促进行业发展"，清末民初的天津较为普遍地建立起了以"某某研究所或研究会"命名的新型工商同业组织（见表1-2）。与其名称相出入的是，这些组织并非是专门从事工商学理研究的组织，而是由传统的行会向同业公会过渡的形式，其核心职能在于消除同业营业弊端，维护行业共同利益。《工商同业公会规则》颁布以后，天津掀起了创设同业公会的热潮，而天津很多同业公会都是由这些研究所直接更名或改组而成的，甚至不少同业公会的发起人都是由先前发起同业研究所的主要成员组成的。这些新型同业组织的出现，为天津银行公会提供了可供借鉴的组织形式。②

表1-2　清末民初天津工商同业研究所（会）情况

研究所（会）名称	主管官厅	掌理事项	成立年月
鞋商研究所	天津商务总会	研究工理及应兴应革事项	光绪三十年成立，民国元年改组
染商研究所	—	—	光绪三十年三月
直隶天津布商研究所	直隶巡按使，天津商务总会	管理出入货物公平交易	宣统二年二月

---

① 罗澍伟：《近代天津城市史》，中国社会科学出版社，1993，第334~335页。
② 参见朱英《近代中国商会、行会及商团新论》，中国人民大学出版社，2008，第300~317页。另外，需要指出的是，当时欧美发达资本主义国家的工商业同业公会组织已相对成熟。早在1913年就有人对英国银行公会的基本情况进行了介绍。参见梁启勋《说银行公会》，《庸言》1913年第1卷第14号。

续表

研究所（会）名称	主管官厅	掌理事项	成立年月
门市布商研究所	—	—	宣统二年四月
南纸书业研究所	天津商务总会	研究书行一切进行事宜	宣统二年五月
鲜货商研究所	—	—	宣统二年九月
天津估衣商研究所	天津商务总会	研究本行利弊	民国元年三月
洋广货商研究所	—	—	民国元年五月
转运商业公会	商务总会	研究转运公益	民国二年正月
天津米业研究会	天津商务总会	研究本业振兴商务	民国二年三月
镜工研究分会	—	—	民国二年八月
缝纫研究会	—	—	民国二年九月
药业研究所	—	—	民国二年九月
砖商研究事务所	天津商务总会	研究砖瓦窑业事宜	民国四年二月
工业研究所	—	—	民国四年三月
酒商研究所	—	—	民国四年六月
旧五金行研究所	—	—	民国五年三月

资料来源：天津市档案馆等《天津商会档案汇编：1912-1928》，天津人民出版社，1992，第189~191页。

第二节 行业发展背景

在第一节中，我们指出天津银行公会是近代中国以及天津社会转型的产物，这是从整个社会经济治理的角度，阐明在当时的时代背景下，对于银行公会这类中间型的社会经济治理机制有一种客观性的需求。但具体到天津银行公会，其产生却与近代天津银行业的发展紧密地联系在一起，只有在银行业发展到一定程度、行业利益日益凸显的情况下才能产生对银行公会的制度需求。

天津早期的金融业是在漕运、盐业以及由此带来的商业和手工业发展的基础上产生的，主要包括钱业和票号。其中，钱业始于乾隆年间，以经营货币兑换为主要业务；票号则以货币汇兑为主要业务，它们存在的基础是长距离贸易的发展所带来的异地间资金调拨的问题。自嘉庆二年（1797年）第一家票号"日升昌"开办至道光初年，山西票号中有16家在天津设有分号，资本额达330余万两。[①] 后来，票号逐步扩充了业务，在经营汇兑业务的同时也经营存放款业务，在票号资金的支持下，钱业于道光年间开始发行"钱帖"，这种钱帖类似于商业银行的兑换券。这样一来，传统天津金融业尽管在性质上仍属于封建性的金融机构，但在业务上已开始逐步趋同于近代化的商业银行。

第二次鸦片战争以后，天津被辟为通商口岸，开始由一个内贸型城市转变为外贸型城市。一方面，天津逐渐成为外国列强在中国倾销商品、掠夺原料、输出资本的重要基地，并由此带来了天津对外贸易的快速发展和经济腹地的扩大，开启了其走向世界的进程[②]；另一方面，洋务运动的开展促进了天津工商业的繁荣和城市的现代化。这两方面的结合使天津逐步发展为华北的经济

[①] 孙德常、周祖常主编《天津近代经济史》，天津社会科学院出版社，1990，第20页。
[②] 姚洪卓：《走向世界的天津与近代天津对外贸易》，《天津社会科学》1994年第6期，第90~93页。

中心，并促进了天津金融业的迅速发展。截至1900年庚子事变前夕，天津钱庄达300多家，炉房达40余家。① 但直到中日甲午战争前，天津的金融业还基本停留在传统金融业的层面上，其以银行业为代表的新式金融业的快速发展，也只是中日甲午战争以后的事。②

甲午战争和庚子事变以后，一方面，外国列强对华贸易的条件进一步改善，加强了对华资本输出。于是，继英国汇丰银行（1882年英国汇丰银行在天津设立分行，成为落户天津的第一家外商银行）之后，一系列外国银行开始落户天津租界，如英国麦加利银行（1895年落户天津租界）、俄国华俄道胜银行（1896年落户天津租界）、德国德华银行（1897年落户天津租界）、日本横滨正金银行（1899年落户天津租界）、比利时华比银行（1906年落户天津租界）、法国东方汇理银行（1907年落户天津租界）、美国花旗银行（1918年落户天津租界）、日本朝鲜银行（1918年落户天津租界）等，到1927年已达14家。③ 外商银行的存在既对天津传统金融业提出了挑战，同时也对天津新式银行的产生与发展起到了示范性作用。另一方面，中国为图强进行了一系列的新政。这些新政为中国民族资本主义的发展进一步扫除了障碍，中国的新式企业开始由官办或官督商办为主走向民办为主的局面，并在第一次世界大战前后迎来了一个中国资本主义快速发展的春天。天津最早的新式企业是外资洋行和洋务运动中的官办企

---

① 孙德常、周祖常主编《天津近代经济史》，天津社会科学院出版社，1990，第59页。
② 1894年以前，天津仅有一家新式银行——英国汇丰银行，于1882年在天津设立分行。
③ 沈大年：《天津金融简史》，南开大学出版社，1988，第21页。

业，1902年八国联军占领结束以后，民办新式企业呈现出持续发展的势头。1902~1913年的12年中，在天津共开办38家民办新式企业，其中资本额在1万元以上的有22家，5万元以上的有11家，还有2家资本额在100万元以上。①

外商银行的示范作用，新式工商企业的资本融通需求，票号等传统金融业的衰落，第一次世界大战期间外国银行信用的削弱带来的相对竞争优势，以及北洋政府时期政府借贷与公债投机的高额利润对银行业的刺激②，使天津的华商银行业在这一时期得到了迅速发展。自中国第一家新式银行——中国通商银行（1897年）在天津设立分行以后，清政府天津官银号（成立于1902年，1913年改为直隶省银行，1929年改为河北省银行）和户部银行（成立于1904年，后改为大清银行，1912年改为中国银行）和交通银行（1908年）等银行的分行也相继在天津设立。自1915年起，伴随着民族工商业的快速发展，华商银行成立渐多，他们作为一个群体在与外国银行和传统金融业（这里主要是指钱业，辛亥革命前后票号由盛转衰，逐渐淡出历史舞台）的竞争中，逐渐形成了天津金融界外商银行、华商银行、钱业三足鼎立的局面。③

随着新式银行在天津陆续设立，银行业作为一个整体的共同利益也日益凸显。可以这样说，行业的共同利益是天津银行公会

---

① 孙德常、周祖常主编《天津近代经济史》，天津社会科学院出版社，1990，第140页。
② 许涤新、吴承明：《中国资本主义发展史》第二卷，人民出版社，1990，第897~898页。
③ 丁洪范：《天津金融市场概况》，《资本市场》1948年第1卷第10~12期。

产生的基础和前提，同时也是它持续存在并不断发展的基础和前提。行业的共同利益是由行业作为一个整体所面对的共同问题决定的，而这些共同问题中最显著的就是他们面临一个动荡的金融市场，具体表现为金融风潮的频繁发生。1900年，由于遭遇八国联军抢劫，市面撼动，天津银钱商号倒闭；随后又爆发贴水风潮，到1904年才渐渐平息；1905～1908年发生了铜元危机，接着又爆发了银色风潮、布商债务风潮；1910～1911年，受上海橡皮股票风潮和政治动荡的影响，天津市银号接二连三倒闭；1916年和1921年的中、交两行钞票停兑、挤兑风潮；受北伐战争、中原大战的影响，1926～1930年更是金融风潮高发时段，并呈现多家银行同时发生挤兑的特征；1926～1927年的直隶省钞挤兑风潮；1928年，中国丝茶银行等多家银行发生挤兑、停兑；1929年3～4月又有多家银行发生挤兑，1930年下半年，山西、河北、劝业等多家银行发生挤兑、停兑；1933～1935年，大中银行又遭遇多次挤兑。①

近代天津金融市场的动荡，大致是由三个相互区别而又紧密联系的因素造成的。

第一，频繁的战争。自1900年天津被八国联军占领至1937年中日全面战争爆发的30多年间，天津金融市场始终笼罩在战争的阴影之下，不算小军阀之间的火并，比较大型的战争就有：1920年的直皖战争、1922年的第一次直奉战争、1923年的第二次直奉战争、1926年开始的北伐战争、1930年的中原大战、1931

---

① 龚关：《近代天津金融业研究（1861-1936）》，天津人民出版社，2007，第194～207页。

年的"九·一八"事变。另外，需要指出的是，战争不只就战争本身而言，还有战前的准备和战后的善后。战争对金融市场的冲击是不言而喻的，细究起来，上述每一次金融风潮的背后似乎都有战争的影子，每一次金融风潮的爆发都直接或间接地与战争联系在一起。

第二，不稳定的政府与掠夺性的财政。频繁的战争意味着不稳定的政府和掠夺性的财政。为了使自己的统治地位稳固或进一步争得并扩大统治权，无论是中央政府还是军阀控制下的地方政府都在参与一场财政资源的争夺。他们获得财政收入的来源除了传统税收，如关余、盐余和土地税外，还包括一些特殊的手段。这些特殊手段，除举借外债外，还包括发行国内公债和库券、要求银行垫款或向银行短期借款、操纵通货等。[①] 由于政府债券发行条例一般都规定，公债可以"随意买卖、抵押，其他公务上须交纳保证金时，得作为担保品"，并"得为银行之保证准备金"[②]，因此，作为一种有价证券，它可以在金融市场上买卖，但是其市价行情却与政治形势直接相关。每逢遇到战争有点风吹草动时，政府债券就市价跌落，牵动市面；而债券市价跌落又直接影响到以其为基准发行的纸币的信用，增加银行挤兑风险。

第三，混乱的货币制度。混乱的货币制度最显著的特征有

[①] 〔美〕齐锡生：《中国的军阀政治（1916-1928）》，中国人民大学出版社，2010，第125~137页；来新夏：《北洋军阀对内搜刮的几种方式》，《史学月刊》1957年第3期，第8~11页。

[②] 千家驹：《旧中国公债史资料：一八九四—一九四九年》，中华书局，1984，第三七~二三二页。

二：一是货币发行权的不统一；二是缺乏完善的货币发行准备制度。法币改革前，天津具有纸币发行权的银行，除"中、中、交"三行外，还有中南银行等九家银行。① 这些银行的纸币发行权有中央政府赋予的，也有地方政府赋予的。发行纸币对银行来讲，是重要的利润来源；而对政府来讲，却是财政筹资的重要手段。1916年和1921年的中、交两行停兑、挤兑风潮，1926~1928年直隶省银行停兑、挤兑风潮，在很大程度上就是政府财政筹资而导致银行纸币滥发造成的。另外，银行之所以可以滥发纸币又是与纸币发行准备制度的缺失联系在一起的。尽管其间政府多次颁布相关法规律令，但几乎从未被严格执行过，也有少数银行为了昭示自身信用而实行定期的发行准备检查（如1916年中交停兑风潮后的中国银行和1921年挤兑风潮后的交通银行），但相对完善的货币发行准备制度直到法币改革始终未建立起来。② 混乱的货币制度造成了货币信用的不可靠，进而提高了银行停兑、挤兑风险，增加了金融风潮发生的可能性。

上述三个因素相互交织，共同造就了一个极度不稳定的近代天津金融市场，这种不稳定性更因外国银行的激烈竞争而加剧。当时英国领事馆在一份关于工商业和经济趋势的报告中指出，外国银行的妒忌和猜疑，对华商银行的联合起了很重要的作用。③

---

① 《接收中南等9银行钞票及准备金办法》（1935年11月25日），天津市档案馆藏天津市各业同业公会档案，档案号：J0129-3-5023。
② 张秀莉：《南京国民政府发行准备政策研究》，博士学位论文，复旦大学，2009，第16~55页。
③ 杜恂诚：《中国金融通史》（第三卷：北洋政府时期），中国金融出版社，1996，第81页。

这一切都促使天津的银行联合起来，以集体行动的力量来共同面对这些问题，"联络同业感情，维持公共利益，促进银行业之发达，矫正营业上之弊害"①，以期更好地适应近代天津复杂的社会经济形势，进而获取最大化的行业利益。

更准确地讲，天津银行公会并非是一种自然而然的现象，而是一种集体行动的制度建构。近代天津的银行家们之所以要创设公会，是因为在当时的社会经济背景下，存在一些需要他们共同面对的问题——惟有靠集体行动才能更有效地应对，这些问题的有效应对正是他们的共同利益之所在，而公会就是这样一种可以更好地促使集体行动实现的有机装置或系统。②

综合第一、二节的分析，我们知道，一方面，从社会经济资源配置的角度看，天津银行公会是一种中间型的社会经济治理机制，其产生是近代中国社会转型的客观要求。另一方面，从行业发展和行业利益的角度看，它又是一种集体行动的制度建构，其产生是近代天津银行业日益发展，行业共同利益日益凸显的必然要求。

---

① 《天津银行公会办事细则》（1919 年 5 月 26 日），天津市档案馆藏天津市各业同业公会档案，档案号：J0202-1-0396。
② 法国组织社会学的代表人物克罗齐耶与费埃德伯格认为，组织并非是一种自然形成的现象，而是人为的一种建构，人们所以要建构组织，"其目的在于解决集体行动的问题，而其中要解决的最为重要的是——合作的问题，以完成惟有靠集体行动才能实现的目标。""这种合作只是要运用集体的力量来解决大家所面对的共同的难题。""组织为集体行动提供了持久的条件与力量。"参见〔法〕克罗齐耶（Crozier，M.）、费埃德伯格（Friedberg，E.）《行动者与系统：集体行动的政治学》，张月等译，上海人民出版社，2007，第 1~3 页。

第三节　天津银行公会的创设及其主要会员

鉴于对银行公会的制度需求日益强烈,以至于"若无法定机关随时讨论,何以谋金融之发达,祛营业之积弊"。而此时恰好有政府法律的依据,即 1915 年北京政府财政部颁布的《银行公会章程》,又有各类工商业同业组织所提供的可供借鉴的组织形式。于是,天津银行公会就应运而生了。

在天津银行公会创设之前,其筹办者分别致函直隶省公署、警察厅及实业厅等政府部门要求备案,并将成立缘由等情况向天津商务总会说明:"窃查天津为通商大埠,银行林立。若无法定机关随时讨论,何以谋金融之发达,祛营业之积弊。故银行等现拟创设公会,以联络同业感情,维持公共利益为宗旨,业经筹备就绪,兹择于二月十四号,即阴历正月初四日开幕。地点在北门东售品所对过。定名曰:天津银行公会,一切规则遵照财政部公布《银行公会章程办理》。"[1]

1918 年 2 月 14 日,中国银行、交通银行、直隶省银行、中孚银行、兴业银行、北洋保商银行、浙江兴业银行、殖业银行、盐业银行九家银行发起创设了天津银行公会,并拟定《天津银行公会办事细则》作为公会的办事依据,此细则共十条,内容涉及公会的名称、宗旨、会员资格、职员权限、开会规程、经费分担等诸多方面。成立之初,天津银行公会实行值年管理制;1920 年

---

[1] 《为创设银行公会与市商务总会的往来函(附银行公会办事细则)》(1918 年 6 月 10 日),天津市档案馆藏天津市各业同业公会档案,档案号:J0128-2-1313。

3月，改为董事制，天津的中国银行经理卞寿孙当选为董事长[①]；1930年1月，复由董事制改为委员制，仍以银行为主体；1931年3月，依据中华民国公布的《工商同业公会法》改组，更名为天津市银行业同业公会，卞寿孙当选为主席委员。天津银行公会的会址最初在北门内与钱业公会相邻；1921年3月，迁至法租界32号路门牌163号；1931年2月，迁至英租界达文波路门牌153号。[②]

成立的当年，天津银行公会会员就达12家，1920年达16家；1921年底，会员总数达19家，而此时津埠有华商银行和中外合资银行共计36家；至1927年会员达22家，基本囊括了比较重要的在津华商银行，除中、交两行外，当时中国最著名的商办银行"北四行"（盐业银行、金城银行、大陆银行和中南银行）和"南三行"（浙江兴业银行、浙江实业银行和上海商业储蓄银行，其中只有浙江实业银行不是会员）的总行或分行基本都在会员之列。受时局影响，一些会员银行因倒闭退出，1931年3月8日改组前，公会会员曾一度减少到15家；公会改组后，又逐渐

[①] 卞寿孙（1884~1968），字白眉，江苏仪征县人。早年曾接受严格的儒学训练，清季赴美留学，在布朗大学获政治经济学学士学位。1912年回国后，卞寿孙先入复旦大学任教，后入中国银行，历任该行总管理处总稽核、津行副经理、经理。1920年3月，天津银行公会改行董事制后，被推举为公会董事长；1931年3月，天津银行公会改组后，被举为天津市银行业同业公会主席委员。除此之外，他还历任天津总商会会董、执行委员、常务委员，并担任过英租界工部局董事，扶轮会董事、会长，天津耀华中学董事等职务。参见天津市档案馆等《天津商会档案汇编：1912-1928》，天津人民出版社，1992，第971页；天津市档案馆藏天津市各业同业公会档案，档案号：J0129-3-5459。

[②] 《天津银行公会组织沿革摘录》（1937年），天津市档案馆藏天津市各业同业公会档案，档案号：J0129-002-001004-017。

恢复到1936年的21家，而此时天津华商银行共计25家。表1-3中列明了1918~1936年天津银行公会的会员变动情况，下面我们将对天津银行公会的几家主要会员做一简要介绍。

表1-3 天津银行公会会员变动情况（1918~1936年）

年份	会员数量（按各年年底实存数计，单位：家）	备注
1918	12	1918年2月成立时有会员行9家，到年底发展为12家，它们分别为中国银行、交通银行、直隶省银行、中孚银行、兴业银行、北洋保商银行、浙江兴业银行、殖业银行、盐业银行等
1919	16	1919年4月，大生银行入会；5月，中国实业银行入会；8月，大陆银行和山东工商银行入会
1920	18	截至1921年11月11日，共有会员19家，它们分别为中国银行、交通银行、直隶省银行、北洋保商银行、新华储蓄银行、盐业银行、金城银行、中国实业银行、浙江兴业银行、中华懋业银行、大生银行、大陆银行、中孚银行、聚兴诚银行、殖业银行、北京商业银行、五族商业银行、山东工商银行、东莱银行，津埠时有华商或中外合资银行36家
1921	19	
1922	19	1923年11月，劝业银行入会；10月，中南银行入会；1924年1月，东陆银行入会
1923	21	
1924	22	
1925	21	1925年3月，中华汇业银行入会；10月，山东工商银行营业搁浅，削除会籍；12月，东莱银行退会

续表

年份	会员数量（按各年年底实存数计，单位：家）	备注
1926	20	1926年1月，五族商业银行退会
1927	22	1927年2月，东莱银行再入会；3月，上海商业储蓄银行入会
1928	—	—
1929	18	—
1930	15	中国银行、交通银行、盐业银行、金城银行、大陆银行、中南银行、浙江兴业银行、中孚银行、大生银行、中国实业银行、上海商业储蓄银行、东莱银行、新华储蓄银行、殖业银行、北洋保商银行
1931	15	
1932	15	
1933	16	—
1934	17	—
1935	19	1935年7月，边业银行和中国国货银行加入
1936	21	截至1936年10月31日，共有会员21家，津埠时有华商银行或中外合资银行共25家

资料来源：天津市档案馆藏相关档案，档案号分别为：J0129-2-1612，J0129-2-1009，J0202-1-0396，J0128-2-1316，J0202-1-0039，J0129-2-1008，J0129-2-1587，J0129-2-1599，J0129-3-5432，J0129-2-1591，J0202-1-0403，J0161-1-0865，J0129-2-1001，J0129-2-1010，J0202-1-0412，J0202-1-0414，J0025-3-0247等。

我们可以根据会员在银行公会的影响力对会员进行分类，各会员在银行公会影响力变动的因素比较复杂，比如，会员代表的个人专业素质和人格魅力、会员在津埠的金融实力等都会产生影响，但在这些因素里面，会员的金融实力无疑是最重要的，由于资料所限，我们没能对各会员在津埠的金融实力进行对比。但是，我们可以从会员在公会经费和政府各种摊派中的承担比例判定公会的影响力，根据权、责、能对等的原则，分担比例大者影响力大。

1918年公会成立时制定的《天津银行公会办事细则》规定："本会开办及常年经费由中、交、直隶省三行担任全额之六成，其余四成由入会其他各银行分担之。"[①] 1920年，对经费分担办法做了修改：中、交、直三行为一级，各担三成；其余各行为二级，各担一成；成数则由会员数最终决定。"查本会定章凡一切款目悉按二十四成摊派，……除交通、中国、直省三银行每行照章三成外，其余十五成每银行摊洋一成。"[②] 1923年，"在会行二十家，中交直三家各担三成，其余十七家各担一成，共计应按二十六成分摊"[③]。1925年，"在会行二十二家，中交直三家每担三成，其余十九家各担一成，共计按二十八成均摊"[④]。1932年后，公会又将分担办法按一、二、三级划分，即中、交两行为一级，按三成分担；大陆、金城、盐业、中南四行按二级，各担两成；

---

① 《天津银行公会办事细则》(1918年6月10日)，天津市档案馆藏天津市商会档案，档案号：J0128-2-1313。
② 《直隶省银行为摊接受证券交易所股款事函天津银行公会》(1920年3月19日)，天津市档案馆藏天津市各业同业公会档案，档案号：J0129-2-1617。
③ 《天津银行公会各项开支月报表》(1923年10月)，天津市档案馆藏中南银行天津分行档案，档案号：J0212-1-0797。
④ 《天津银行公会各项开支月报表》(1925年1月)，天津市档案馆藏金城银行天津分行档案，档案号：J0211-1-0669。

其余各行为三级，各担一成。① 据此，我们可以将天津银行公会的会员分为三个层次：第一层次是中国银行、交通银行、直隶省银行三行；第二层次是北四行；第三层次是除"中、交、直"三行和北四行以外的其他会员行。

第一层次是中国银行、交通银行、直隶省银行三行。北洋政府时期，中国银行和交通银行是最重要的两家华商银行，二者皆为官商合股，曾在承担政府借款和承募公债中扮演着重要角色，并一度成为北洋政府的两大财政支柱。1916年中交挤兑风潮后，两行认识到业务过度依赖政府的危害，股权比例逐渐向商股倾斜的同时，都不同程度地调整了经营方针，加强同工商业的业务联系，从而逐步摆脱了北洋政府的控制。② 1928～1935年的国民政府时期，中国银行在经营管理方面更趋近代化，交通银行也逐步发展为支持全国实业发展的专业银行。③ 1935年，蒋介石政府开始依靠行政力量对两行进行控制，但由于华北地区复杂的政治军事形势，津埠的两行受政权影响的程度并不像上海那么高。1918～1936年，中、交两行始终是津埠最重要的华商银行，顺理成章地也自然是天津银行公会最具影响力的会员。直隶省银行成立于宣统二年（1910年）九月，其前身为天津官银号（清光绪二十八年至宣统二年），总行设于天津，并在北京、保定、张家

---

① 《二十一年六月二十一日会员会议记录》（1932年6月21日），天津市档案馆藏中国银行天津分行档案，档案号：J0161-2-0873。
② 杜恂诚：《中国金融通史》（第三卷：北洋政府时期），中国金融出版社，1996，第90～135页。
③ 洪葭管：《中国金融通史》（第四卷：国民政府时期），中国金融出版社，1996，第64～75页。

口、汉口等地设有分行。在性质上,直隶省银行属于地方官办银行,具有代理省金库发行纸币的特权,与地方财政有着千丝万缕的联系,且受地方军阀的控制。① 后因战争,地方军阀财政吃紧,直隶省银行滥发纸币而引发挤兑风潮,经政府与商人组织努力维持最终失败而停业。② 直隶省银行是天津银行公会的重要发起成员之一,在北洋政府时期具有重要的影响力。

第二层次是北四行。北洋政府时期,中国的商业银行有很大发展。有些商业银行形成了金融集团。北四行是北方的金融集团,由盐业、金城、大陆和中南四家银行组成。盐业银行由袁世凯表弟张镇芳发起成立。1915年3月开业,总行设在北京。1917年,张镇芳因参与张勋复辟而入狱,由吴鼎昌任总经理。1923年注册资本为1000万元,实收700万元,为全国商业银行之冠。金城银行1917年5月开业,总行设在天津。行名"金城",取"金城汤池永久坚固"之意。王郅隆任总董,周作民任总经理。1923年资本为1000万元,至1927年4月实收700万元。大陆银行主要由谈荔孙、张嘉璈、冯国璋、张勋等出资设立。1919年4月开业,总行设在天津,谈荔孙任总经理兼董事长。1926年资本为1000万元,实收750万元。中南银行1921年开业,总行设在上海。最大股东是1919年回国的爪哇华侨黄奕住,由胡笔江任总经理,早期业务重心仍在北京、天津。注册资本为2000万元,1924年实收750万元。因系侨商回国办银行,经政府特许,享有兑换券发行权。1921年11月盐业、金城、中南三行在天津、北京、

---

① 周葆銮:《中华银行史》第五编第二章,文海出版社,1985,第五~六页。
② 本书第七章会对这一问题进行详细探讨。

上海成立了联合营业事务所。1922年7月大陆银行也加入，吴鼎昌任四行联合营业事务所主任。同年11月成立四行准备库，共同发行中南银行纸币。1923年6月四行储蓄会开业，进行联合放款，总会设在上海。基本储金100万元，四行各出25万元，营业独立。开办以后，储蓄存款逐年增长。四行联合经营，增加了商业银行的力量，扩大了影响，在中国银行业的发展中被传为佳话。国民政府建立以后，上海逐步成为全国的金融中心。盐业银行、金城银行的总行于1935年迁至上海。[1] 北四行凭借其在津埠巨大的金融实力，在天津银行公会的运行中扮演着重要角色。

第三层次是除中、交、直三行和北四行以外的其他会员行，比较著名的有中国实业银行、浙江兴业银行等。中国实业银行由北洋政府财政部筹办，于1919年4月正式成立，开业时实收资本仅为200余万元，主要由中国银行拨付。由于得到北洋政府的支持有钞票发行权，业务较为发达，20世纪30年代初期，存款已超过4000万元，在全国重要商业银行中居第八位。因其总行设在天津，直到1935年才迁往上海，因此在津埠具有一定的影响力。浙江兴业银行成立于1907年，是南三行中成立最早的商业银行，1915年，为适应营业扩展的需要，进行机构改革，将总行由杭州迁至上海，叶景葵任董事长。1918~1927年，它的存款额曾五次居全国商业银行的首位。[2] 凭借其雄厚的金融实力，浙江兴业银行在天津银行公会中具有一定的影响力。

---

[1] 叶世昌：《北四行》，《国际金融报》2001年9月10日，第4版。
[2] 潘连贵：《"北四行"与"南三行"》，《中国金融半月刊》2003年1月，第59页。

第二章
天津银行公会制度的制度演进

从经济学的角度，我们可以将天津银行公会看作一种提供公共品或公共服务的有机系统，或者说，为会员提供公共品是公会的主要职能。据此，我们可以将天津银行公会的相关制度大致分为三类：第一类，决策制度，即更多、更有效地促进公共品提供的相关制度；第二类，财务制度，即有助于公共品提供的成本核算与成本控制的相关制度；第三类，经费分担制度，即确保会员公平合理地分担公会运行成本的相关制度。

需要明确的是，我们这里所指的制度既包括正式的规则，也包括非正式的约束及其实施机制。[①] 其中，正式的规则包括公会章程、办事细则、董事会章程、会计组织法等；而非正式的约束则主要表现在会员们在长期的社会交往中不断博弈而形成的行业惯例或规范。正式的规则是天津银行公会存在与发展的灵魂，这些规则的有效贯彻是其发挥作用的前提。因此，我们下面的介绍

---

① Douglass C. North, "Institutions," *The Journal of Economic Perspectives* 5 (1991): 97–112.

以正式的规则为主,但我们也并不否认这些规则是与各种非正式的约束紧密地联系在一起的。

第一节 日常决策制度

天津银行公会的日常决策大多是在一定的组织架构下由会员提出议案,经过多种形式的磋商,最终通过会议决议的形式完成的。1918~1936年,天津银行公会的日常决策制度经历了三个阶段:第一阶段,值年制时期(1918年2月~1920年3月);第二阶段,董事制时期(1920年3月~1931年3月);第三阶段,委员制时期(1930年3月~1936年)。

1. 值年制时期

1918年2月成立时,天津银行公会实行值年制。根据《天津银行公会办事细则》(以下简称《细则》)[①]规定,其组织架构为"值年管理行一行,值年襄理行二行"。其中,值年管理行有管理全会事务之责,值年襄理行则负责辅助值年管理行办理本会事务。《细则》还规定,值年管理行及襄理行于每年阴历一月七日召开的会员大会上用抽签法确定,任期均为一年,如次年再抽得者可连任一次。值年制共历三届,1918年公会成立时,会员大会抽签确定交通银行为值年管理行,盐业银行、中孚银行二行为值年襄理行,1919年届满时,上述三行连任;到1920年又抽签确定大生银行为值年管理行,中国银行和金城银行为值年襄理行。

需要指出的是,到1919年届满时,上述三家首届值年行经会

[①] 《为创设银行公会事项与市商务总会的往来函(附银行公会办事细则)》(1918年06月10日),天津市档案馆藏天津市商会档案,档案号:J0128-2-001313-001。

第二章 | 天津银行公会制度的制度演进

员公推而连任,并未按照《细则》之规定通过抽签法确定。虽然这样做非常简便,但已违背公会《细则》民主选举值年行的规定,故当直隶省银行再次建议1920年仍公推值年制时,几家会员公开反对,并会衔致函天津银行公会曰:"……公会既有办事细则,焉能置之不顾,且旧年改选未经抽签程序已属违法,今再破坏成规,将置细则于何地。以故公推连任之议,敝行等决不敢承。相应具函声明,请贵会按照第八条之规定,知照各银行于本月十号下午二钟莅会改选,并祈将此公信随同知单送交各银行传阅。"[①] 最终,天津银行公会听从了会员们的建议,于1920年1月10日的会员会议上,签选大生银行为值年管理行,中国银行、金城银行二行为值年襄理行。[②] 由"公推"到"签选",虽然银行公会在民主决策方面前进了一大步,但也要注意那些推动制度变迁的历史细节,我们理解制度变迁的关键也许正隐藏在这些不起眼的历史细节中。

值年制下的日常决策主要是由一家或多家会员提出议案,并由会议议决的方式做出的,其会议形式主要包括会员大会、茶话常会、临时会。其中,会员大会于每年阴历一月七日召开,主要会务是签定值年管理行及襄理行,并报告本会上年办事之成绩及银钱出入之决算。茶话常会于每星期六、日下午二钟召开,以期互洽市面情形,筹议进行事件。如遇特别事项时,由值年管理行召集或经入会银行三家以上之要求得开临时会。会员大会及临时

---

① 《致银行公会为值年管理襄理职务公推连任一年期满建议按办事细则办事不能再公推连任的函》(1920年1月),天津市档案馆藏天津市各业同业公会档案,档案号:J0129-002-001617-033。

② 《致各会员关于本会值年各银行业经照章签定请查照的函》(1920年1月15日),天津市档案馆藏天津市各业同业公会档案,档案号:J0129-002-001617-001。

会的召开须有会员银行八家以上到会，每逢大会及临时会开会时须公推值年管理行代表之一人为主席，值年管理行有事故时，得由值年襄理行代之。《细则》第六条还明确规定了会议议案的决策规则为"凡会议事件以多数取决，如两数平均，则取决于主席"，即多数原则。

2. 董事制时期

1920年3月，天津银行公会正式在财政部注册，并报经直隶省公署备案，开始实行董事制。根据章程规定，其组织架构为"以行为单位设董事行七家，并设董事长一人"。与之相应的会务包括会员大会、董事会会议、会员临时会议、董事临时会议等。其中，会员大会于每年1月、12月各召开一次，主要办理银行公会的预决算等事关公会全局的事务。董事会的开会规程由《天津银行公会董事会简章》详细规定：公推董事长一人主持一切本会事务，并于每周星期六召开一次常会。① 会员临时会议和董事临时会议则"由董事会之议决或会员五分之一以上之请求须开会员临时会议时，即由董事长遵章召集，并于通知单内由董事长盖章为证"。② 董事制下的决策规则与值年制下的决策规则大体相同。

除上述正式的制度外，天津银行公会还创造了各种非正式的磋商机制，其中，"午餐会"就非常典型。"查本公会现在设置渐已完备，自宜实行办事，期举实绩。如互报市面最新消息，合做

---

① 《天津银行公会董事会简章》(1920年12月07日)，天津市档案馆藏天津市各业同业公会档案，档案号：J0129-2-001588-034。
② 《为会员临时会议召开程序致会员函》(1920年07月26日)，天津市档案馆藏中国实业银行天津分行档案，档案号：J0202-1-0396。

大宗贸易，研究金融计划，皆可于是日讨论一堂。实一绝好机缘，持之以恒，各行自可得最良效果，而本会亦不至等于虚设矣。当为在会各行一致赞同者也。"①自1921年3月26日起，天津银行公会开始通过午餐会的形式来增进银行公会的决策效率，并自1924年8月1日起，开始实行便利营业联络感情办法。②

3. 委员制时期

1930年1月，经会员会议议决，将1920年3月制定的章程酌为修改，开始实行委员制，设执行委员七家，并由执行委员互选主席一人。③1931年3月，根据国民政府财政部公布的《工商业同业公会法》改组后，天津银行公会仍实行委员制，并根据修订后的章程确定组织架构为"设执行委员十五家，候补委员五人，从执行委员中选常务委员五人，并由常务委员会互选主席一人"。与之相应的会务包括会员大会、常务委员会会议、执委会会议、会员大会临时会议、执行委员临时会议等。其中，会员大会常会每年1月、7月各举行一次，由执行委员会之议决或1/10以上请求得召开临时会，二者由执行委员会召集之，并须呈天津市党部及社会局备案。仍分常会和临时会两种，"均由执行委员会召集之"，并"由常务委员组织主席团，轮流主席"；执行委员会每月举行两次常会，由常务委员会召集，且常务委员会认为必要或有

---

① 《天津银行公会致会员函》（1921年3月24日），天津市档案馆藏中国实业银行天津分行档案，档案号：J0202-1-0396。
② 《为八月一日施行便利营业联络感情办法的通知复银行公会函》（1924年7月14日），天津市档案馆藏天津市各业同业公会档案，档案号：J0129-3-5476。
③ 《为送修改本会章程致天津总商会的函》（1930年2月8日），天津市档案馆藏天津市商会档案，档案号：J0128-3-006313-045。

执行委员过半数之请求时，可召集临时会。常务委员会每星期举行一次，由主席委员召集。常务委员会与执行委员会开会时均以主席委员为主席。①

委员制下的日常决策须由两家以上会员联署提出，每家会员一票，并形成弹性的表决制度，即假决议制度。《天津市银行业同业公会章程》（1931年3月）第二十一条规定："会员大会之决议，以会员代表过半数之出席，出席代表过半数之同意行之；出席代表不满过半数者得行假决议，将其结果通过各代表于一星期后两星期内重行召集会员大会，以出席代表过半数之同意，对假决议行其决议。"第二十二条又规定："左列各项事项之决议，以会员代表三分之二以上之出席，代表三分之二以上之同意行之；出席代表逾过半数而不满三分之二者，得以出席代表三分之二之同意行假决议，将其结果通告各代表，于一星期后二星期内重行召集会员大会，以出席代表三分之二以上之同意，对假决议行其决议。一、变更章程；二、会员或会员代表之除名；三、职员之退职；四、清算人之连任及关于清算事项之决议。"

1935年，鉴于"近年来百业凋敝，内忧外患相继而起，凡关于各项金融问题均应有缜密考察，努力经营之必要"，经执行委员会议决，天津银行公会开始设立"审议""研讨""编查"等三个小组委员会。② 其中，审议委员会由会员中富有学验及相当

---

① 《关于本会依法改组情况的会议记录》（1931年3月8日），天津市档案馆藏天津市各业同业公会档案，档案号：J0129-2-1002-004。
② 《天津银行公会执行委员会会议记录》（1935年9月18日），天津市档案馆藏中国实业银行天津分行档案，档案号：J0202-1-0414。

地位者担任，设委员7~9人，以"审议各项金融问题、增进同业利益"为宗旨，其审议工作范围为：各会员之提案、研讨委员会之议案、编查委员会之各项报告。研讨委员会由公会会员及会员银行中具有实务经验者担任，设委员9~15人，以"研讨银行实务、促进改良"为宗旨，其研讨工作范围为：工商业复兴问题、农村经济问题、国际经济问题、票据贴现问题、改良会计问题、国内外汇兑问题、票据单据问题、存款放款问题、仓库问题、利率问题、其他金融问题。编查委员会由公会会员及会员银行中担任实际工作者担任，设委员15~21人，以"编查农、工、商业及交通、金融等各种实况"为宗旨，其编查工作范围为：农工商业金融业、进出口贷、各路水陆交通、商店信用、其他经济事业。[①] 这一举措，进一步拓展了公会的职责范围，有助于公会更好地为会员服务，进而增强公会的吸引力。

  天津银行公会从值年制到委员制的演进表现出三个特征。第一，参与日常决策的人数逐渐扩大，日常决策的基础不断巩固。值年制下只有3家值年行参与日常决策，董事制时期有7家董事行，而到委员制时期则有执行委员15人，候补委员5人，基本每家会员都能参与日常决策（见表2-1）。第二，作为日常决策的平台，会务体系逐步完善。值年制时期仅有会员大会、茶话常会、临时会；到董事制时期有会员大会、董事会会议、会员临时会议、董事临时会议，并制定了《董事会简章》；到委员制时期，会务体系扩展为会员大会、常务委员会会议、执委会会议、会员大会临时会

[①] 《天津银行公会致会员函》（1935年9月27日），天津市档案馆藏中国实业银行天津分行档案，档案号：J0161-1-1180。

议、执行委员临时会议，并制定了相对严密的《会议规则》。第三，决策的不断科学化。在值年制时期和董事制时期决策仅基于多数原则，而到了委员制时期，不仅将决策对象进行了分类，而且建立了假决议制度，这有助于提高决策的效率和科学性。

表 2-1　天津银行公会日常决策层更迭情况（1918~1936 年）

时　间		日常决策层构成	备　注
值年制时期	1918 年 2 月~1919 年 2 月	值年管理行：交通银行；值年襄理行：盐业银行，金城银行	值年制时期，公会日常决策层由三家值年行构成，其中，值年管理行一家，值年襄理行二家
	1919 年 2 月~1920 年 1 月	值年管理行：交通银行；值年襄理行：盐业银行，金城银行	
	1920 年 1 月~1920 年 3 月	值年管理行：大生银行；值年襄理行：中国银行，金城银行	
董事制时期	1920 年 3 月~1922 年 1 月	董事行：中国银行、交通银行、直隶省银行、盐业银行、金城银行、北洋保商银行、大陆银行；天津中国银行经理卞白眉为董事长	董事制时期，公会日常决策层由七家董事行构成，董事任期为两年，并设董事长一人
	1922 年 1 月~1924 年 1 月	董事行：中国银行、交通银行、直隶省银行、盐业银行、金城银行、大陆银行、中孚银行；卞白眉为董事长	
	1924 年 1 月~1926 年 1 月	董事行：中国银行、交通银行、直隶省银行、盐业银行、金城银行、大陆银行、中孚银行；卞白眉为董事长	

续表

时间		日常决策层构成	备注
董事制时期	1926年1月~1928年1月	董事行：中国银行、交通银行、直隶省银行、盐业银行、金城银行、大陆银行、中华懋业银行；卞白眉为董事长	董事制时期，公会日常决策层由七家董事行构成，董事任期为两年，并设董事长一人
	1928年1月~1930年1月	董事行：中国银行、交通银行、盐业银行、金城银行、大陆银行、中南银行、中华汇业银行；卞白眉为董事长	
委员制时期	1930年1月~1931年3月	委员行：中国银行、交通银行、盐业银行、金城银行、大陆银行、中南银行、浙江兴业银行；委员长为卞白眉	委员制时期，除1930年1月~1931年3月的过渡期外，公会日常决策层由常务委员五人、执行委员十五人构成，其中，常务委员是从执行委员中产生，常务委员互选一人担任主席委员。执行委员任期为四年，每两年改选半数
	1931年3月~1933年4月	主席委员：卞白眉；常务委员：杨德森、朱邦献、许福晒、王鏲基；执行委员：王志申、包光镛、张连第、陈世璋、朱寿颐、薛东琛、黄勤、郑玉琛、俞鸿、宋光翰；候补委员：李华、杨世禄、石长青、齐文炳、区绍安	
	1933年4月~1935年3月	主席委员仍为卞白眉，改选七个执行委员	
	1935年3月~1936年	主席委员：钟锷；常务委员：陈亦候、包光镛、齐文炳、杨世禄；改选八个执行委员，五个候补委员	

资料来源：天津市档案馆相关档案，档案号分别为：J0129-2-1617，J0129-2-1009，J0202-1-0398，J0216-1-1719，J0129-2-1002。

第二节　财务管理制度

天津银行公会的成本核算和成本控制是通过不断完善其财务管理制度实现的。1918年的《细则》规定了公会银钱收支的决算制度，由值年管理行聘用文书兼会计员一名，办理公会银钱收支事项；于每年1月召开会员大会时，由大会主席报告上年公会的决算，并推选两个会员行查核决算各项账目。除《细则》的规定外，在实际操作中，公会每月都会报告一次账目，每年分上、下两期报告决算，并编有开支月报表和决算表，但并没有建立一定的预算制度。

1921年8月，由于交际费过于泛滥，凸显出收支预算对成本控制的重要性。于是，公会通过决议，"将每晚例餐及烟酒、汽水、点心等一概费（废）止，以每月开支九百元作为预算"①，并在后来修订的公会章程中对预算制度予以明确。1930年的《天津银行公会章程》第二十九条明确规定："每届一月会员常会时，执行委员会应编制上年决算及本年预算提交会员会议正式通过"。② 1931年的《天津市银行业同业公会章程》第三十条也规定："执行委员会应编制上年决算及本年预算提交会员大会通过，并呈报天津市党部及社会局备案"。③

---

① 《二十年第一次会员会议记录》（1921年01月17日），天津市档案馆藏中国实业银行天津分行档案，档案号：J0202-1-0396。
② 《为送十九年一月四日通过之公会章程函会员（附章程）》（1930年2月8日），档案号：J0161-1-0865。
③ 《为送公会章程致天津市商会函（附章程三份）》（1931年7月1日），天津市档案馆藏天津市商会档案，档案号：J0128-3-006617-004。

第二章 | 天津银行公会制度的制度演进

1924年，由于"帐目存欠并无对照，科目亦欠清晰"，公会"拟对于帐法妥为规定"，特请2名会计师草拟一份会计组织法，在广泛征求会员意见后，在3月29日的会员会议上一致议决通过，并于7月1日起开始实行。《会计组织法》包括总则、帐簿、表报、会计科目、附则五款，共十五条，是天津银行公会组织财务活动的制度化依据。

其中，"总则"明确规定"本公会一切收付款项依照本组织法办理"；规范了公会基本金的管理，规定"本公会以前积存之款及以后新会员银行所缴入会费均为本公会基本金。本公会出给新会员银行所缴入会费之收条应由董事长签章。本公会基本金由董事会指定存入在会银行生息，非经会员会通过不得动用"；实行经常费或临时费的程序化管理，规定"本公会遇有应付临时费之时，在若干元以上者，须经会员会通过方可照付。本公会每月所付经常费或临时费应于下月五日以前由稽核会员与帐对无误后，再向会员银行按照原定摊成办法征收之。本公会出给会员银行经常费或临时费之收条应由稽核会员签章"；确立了会计年度决算制度，规定"本公会定每年自一月一日起至十二月三十一日止为一会计年度。本公会每届会计年度之终决算一次，经董事会审核后，提出会员会通过。本公会各项帐簿表报须由稽核会员及记帐员会同签章"。其余各款则对账簿类型及其记账方法、各种财务报表的制作、会计科目的设置等事项做出了详细的安排。①

1924年，由于公会支出每月以经常费为大宗，其余资产负债

---

① 《三月二十九日会员会议议决录》（1924年3月29日），天津市档案馆藏天津市各业同业公会档案，档案号：J0129-2-1016-006。

之进出寥寥无几，《会计组织法》规定的月计表似无每月编制之必要，故从同年8月份起改为每届决算时编制，并将每届决算时应编制之经常费明细表改为每月编制开支月报表一次，以明逐月经常费之消长。①

1928年，天津银行公会发生了会计庶务员丢失款项事件，为防止类似的事情发生，公会制定了《会计庶务员办事细则》，对支款程序、支款凭据、会计庶务处（员）财务权限等方面做出了相对严格的规定。其中，对支款程序的规定为："本公会与银行往来款项关于存单及支票等件，应由董事长签字（遇董事长不在津时，即由该董事长行之代表人代为审核签字）。""本公会开出支票向银行支款时，应由会计员将用途在支票留底上注明，再行送呈董事长签字。"对支款凭据的规定为："本公会支付款项数目无论巨细，均以正式单据为凭（即收条发票等是），已付款之单据应加盖年月日付讫戳记，并编列号码用簿粘存备查。"由于此次丢款主要责任在于会计庶务员，故而对会计庶务处（员）财务权限的规定尤为详细②："本公会会计庶务处所存现款不得过一百元，支出若干随时出帐，俟该款行将用罄时，再陈请董事长签开支票续拨款项备用。""本公会除薪俸工食等项固定之开支外，其余各项活动开支数在五元以上者，应由会计庶务员预先陈请稽核

---

① 《稽核会员致会员函》（1924年8月），天津市档案馆藏大陆银行天津分行档案，档案号：J0216-1-0198。
② 卞白眉在其1928年2月24日的日记中这样写道："银行公会办事员侯绍华带现款六千（原文为'十'，系笔误）元到中国银行来，据云款遗在洋车内，忘却携入，因此遗失。但数月之款，彼不按月交到，而聚积如此之多，方始带来，情不可恕，嫌、疑实多也。"参见中国人民政治协商会议天津市委员会文史资料委员会《卞白眉日记》第二卷，天津古籍出版社，2008，第8页。

董事批注照付后，始能动支。""会计庶务处所存款项行将用罄，须请董事长签开支票续拨款项时，应由会计兼庶务员将以前用款将稽核董事核准之单据送董事长核阅，以凭签开支票续拨款项。""公会基本金项下之定期存款每届到期时，应将存单或存折送至银行转期，另换新单或新折，其应得利息随时交银行本公会往来存款账，不得取现。"[1]

总之，预决算制度的确立、《会计组织法》的制定与完善以及《会计庶务员办事细则》的制定与实施是在天津银行公会对成本核算和成本控制的要求下完成的，这标志着天津银行公会相对完善的财务管理制度的最终形成。

第三节 经费分担制度

成为公会会员需要承担的经费主要包括入会费、常年费、特别费等，其中，入会费是一个固定的数额，即1000元，是成为会员的一个必备要件，一般不会因之产生什么纠纷；常年费是公会的日常运行成本，根据公会各项开支月报表显示大致包括薪俸工食、膳费、交际费、房地费、营缮费、邮电费、车马费、保险费、印刷费、广告费、文具书报费、笔墨纸张费、灯烛薪炭费、诸税、捐款、杂费等项目[2]；特别费则是除常年费以外的公共支出。

---

[1] 《会计庶务员办事细则》（1928年3月），天津市档案馆藏天津市各业同业公会档案，档案号：J0129-3-5362-020。
[2] 《天津银行公会各项开支月报表》（1924年8月），天津市档案馆藏中南银行天津分行档案，档案号：J0212-1-0891。

防止组织内"搭便车"倾向的关键就在于建立一套行之有效的经费分担制度,从而使得常年费和特别费的支出在会员之间可以公平合理地分配,以增强公会的凝聚力。鉴于此,天津银行公会在成立伊始,就议定有明确的经费分担办法,并载入1918年的《天津银行公会细则》:"本会开办及常年经费由中、交、直隶省三行担任全额之六成,其余四成由入会其他各银行分担之。"① 但是这样的经费分担办法是存在弊端的,如果严格按照这样的分担方式,"中、交、直"三行的负担已成定额,而随着会员的增减,"中、交、直"三行之外的会员相对负担则会变轻或加重。故这一经费分担办法颁布不久便得到修改:"中、交、直"三行为一级,各担三成,其余各行为二级,各担一成,成数则由会员数最终决定。"查本会定章凡一切款目悉按二十四成摊派,……除交通、中国、直省三银行每行照章三成外,其余十五成每银行摊洋一成。"② "在会行二十家,中交直三家各担三成,其余十七家各担一成,共计应按二十六成分摊。"③ "在会行二十二家,中交直三家每担三成,其余十九家各担一成,共计按二十八成均摊。"④ 1932年后,公会又将分担办法按一、二、三级划分,即中、交两行为一级,按三成分担,大陆、金城、盐业、中南四行为二级,

---

① 《天津银行公会办事细则》(1918年6月10日),天津市档案馆藏天津市商会档案,档案号:J0128-2-1313。
② 《直隶省银行为摊接受证券交易所股款事函天津银行公会》(1920年3月19日),天津市档案馆藏天津市各业同业公会档案,档案号:J0129-2-1617。
③ 《天津银行公会各项开支月报表》(1923年10月),天津市档案馆藏中南银行天津分行档案,档案号:J0212-1-0797。
④ 《天津银行公会各项开支月报表》(1925年1月),天津市档案馆藏金城银行天津分行档案,档案号:J0211-1-0669。

各担两成，其余各行为三级，各担一成。①

这一经费分担办法在天津银行公会的会员之间以惯例法的形式延续下来，构成天津银行公会制度的重要组成部分，并被援引到慈善捐款、官厅摊派、政府借贷额的分配等以公会为主体的相关支出中。例如，1920年7月25日临时会员会议议决录中这样写道："为国民助饷捐款，拟由各银行共捐洋一万元。仍照向来分摊会中经费办法，按二十四成分派，中交直各摊三成，其余各行各摊一成，表决多数通过。"② 1930年10月20日，公会为辽宁水灾急赈会捐款，在致会员的函件中这样写道："日前本公会会员会议曾经议决，由在会各银行共同捐助洋贰千元，按各行分担本公会经费分摊。"③ 这不仅有利于防止公会会员的"搭便车"行为，而且有利于减少会员之间因成本分担而进行的讨价还价，进而降低交易成本，从而在增强公会凝聚力方面起着无可替代的作用。

有时在维护经费分担办法权威性的前提下，公会还会采取一些灵活的策略。例如，1936年8月，殖业银行因其业务主要与盐商相关，而与市面联系较少，故向公会提出减免摊款，"嗣后除本会经常费可勉为照旧分担外，其余一切摊款（俱乐部用费在内）实苦无力担负，请准予通融免摊"。经8月13日公会执委会议决，明确指出："佥以殖业银行与市面关系情形，事实上虽均

---

① 《二十一年六月二十一日会员会议记录》（1932年6月21日），天津市档案馆藏中国银行天津分行档案，档案号：J0161-2-0873。
② 《七月二十五日临时会员会议》（1920年7月25日），天津市档案馆藏天津市各业同业公会档案，档案号：J0129-2-1009。
③ 《天津银行公会致会员函》（1930年10月20日），天津市档案馆藏中国实业银行天津分行档案，档案号：J0202-1-0403。

谅解，但就法理论，该行既属会员银行之一，所负义务应与其他会员行相同。若对于该行开此先例，万一其他各行援例请求，本会殆将无法应付。故就本会立场言，该行所请一节未便照允，至该行对于摊款是否无力担任系另属一事。届时如果该行确属无力认缴其该行应摊部分，当另开会洽商办法。"① 嗣后，在9月23日召开的公会会议记录中这样写道："殖业银行应摊银行俱乐部用款六百九十元无力担认，应如何处理，请公决。决议：该款由本会先付暂欠，以便凑足两万元归还中、交、四行垫款。"②

经费分担制度的不断完善是天津银行公会克服会员"搭便车"倾向的重要举措，有利于增强银行公会的凝聚力。需要指出的是，我们只是在理论上刻画了经费分担制度在克服组织内"搭便车"倾向中的重要作用。事实上，经费分担制度形成与实施的背后隐藏着各种力量的复杂的博弈，指出这一点，并不影响其维护公会凝聚力的重要性，而是加强了这种重要性。

第四节 制度演进的内在逻辑

第一章从制度需求的角度，探讨了作为一种基于行业共同利益的银行家联合体，天津银行公会应该是在近代天津银行业日益发展，从而产生了行业的共同利益的时候才出现的，它并非是一种自然而然的现象，而是一种集体行动的制度建构。近代天津的

---

① 《二十五年八月十三日执行委员谈话会纪录》（1936年8月13日），天津市档案馆藏中国实业银行天津分行档案，档案号：J0202-1-0416。
② 《二十五年九月二十三日第三十二次执行委员会会议》（1936年9月23日），天津市档案馆藏中国实业银行天津分行档案，档案号：J0202-1-0416。

第二章 | 天津银行公会制度的制度演进

银行家之所以要创设公会，是因为在当时的社会经济背景下，存在一些需要他们共同面对的问题——惟有靠集体行动才能更有效地应对的问题，这些问题的有效应对正是他们的共同利益之所在，而公会就是这样一种可以更好地促使集体行动实现的有机装置或系统。[①] 在本节中，我们在前三节展示天津银行公会制度的历史演进的基础上，从制度供给的角度，探讨其制度演进的内在逻辑。

若我们将天津银行公会看作一种提供公共品或公共服务的有机系统，那么，成为会员的收益就可以用公会提供的公共品来刻画。这些公共品可以表现为多种形式：或有助于整个行业规范的确立和市场秩序的稳定，或有助于银行营业交易成本的降低，或有助于借贷市场中银行讨价还价能力的增强，或有助于降低金融市场的不确定性等。而这些公共品的提供是有成本的，首先就是入会费，作为会员资格获取的一项要件，它被存入银行生息，本息作为银行公会的基本金存在，却并不会因会员行退出公会而退还，故其实质上可算作一种"抵押"，构成会员退出公会行为的一种机会成本。其次是银行公会的运行成本，即经常费，根据公会开支月报表，它大体包括办公房地费、交际费、奉薪工食、邮电费等。[②]

[①] 克罗齐耶与费埃德伯格认为，"组织并非是一种自然形成的现象，而是人为的一种建构"，人们所以要建构组织，"其目的在于解决集体行动的问题，而其中要解决的最为重要的是——合作的问题，以完成惟有靠集体行动才能实现的目标"。参见〔法〕克罗齐耶（Crozier, M.）、费埃德伯格（Friedberg, E.）《行动者与系统：集体行动的政治学》，张月等译，上海人民出版社，2007，第2页。

[②] 《银行公会开支月报表》（1923年），天津市档案馆藏金城银行天津分行档案，档案号：J0211-1-0445。

个体银行是否成为银行公会会员的决策就是在这种"成本—收益"的动态衡量中做出的。在一段时期内,理性的银行家会在会员身份所带来的成本和收益之间进行一种动态的衡量,只有会员身份的期望收益大于期望成本时,理性的银行才会选择继续留在公会。其数理形式可表达为:假定一个代表性的银行 A,公会在 t 期提供的公共品数量为 x,则银行从公会公共品所获得的收益为 $Pt(x)$,为此承担的成本为 $Ct(x)$,成为会员的固定成本 C_0,贴现因子为 δ。则银行 A 的最大化问题为:

$$\sum_{t=0}^{\infty} \delta^t [Pt(x) - Ct(x) - C_0] \qquad (2-1)$$

其最优化条件为:

$$P't(x) = C't(x) \qquad (2-2)$$

上述数理推导的经济学含义在于,在较长的一段时期内,尽管会受到来自各方面的干扰,但代表性银行 A 会以(2-2)式(此时其加入公会的行为给其带来的最大化收益)为基准来衡量其成为公会会员的成本与收益,这种衡量构成了其是否加入或是否继续留在银行公会的激励。

因此,银行公会的制度演进方向必须合乎理性银行的行为选择要求,即一方面通过不断完善公共品或公共服务的决策制度,更有效地提高会员身份的收益,另一方面通过不断完善成本控制的财务管理制度,尽量降低会员身份给个体银行带来的成本。只有这样才能增强银行公会的吸引力,从而奠定银行公会不断发展的微观基础。

第二章 | 天津银行公会制度的制度演进

经济学的研究表明，公共品具有非排他的特性，其外部性使得理性的个体具有"搭便车"倾向，即只享受公共品带来的收益，而不承担公共品所带来的成本。克服银行"搭便车"的倾向有利于增强银行公会的凝聚力，是银行公会存在与发展中的一项重要内容。[①] 从公会所提供公共品的受益范围的角度来看，我们可将这种组织提供的公共品分为两类。第一类是整个行业的公共品，即这种产品生产出来后，行业内的每个成员都可以非排他地享受，这类公共品涉及整个行业的共同利益。例如，银行公会通过各方游说而促使政府颁布了一部有利于金融市场长期稳定的法律、法规或争取到某项税收上的优惠，就属于这类公共品。第二类是组织内部的公共品，即这种公共品只有公会内部的成员才可以非排他地享受。公会为每个会员提供最新的汇市行情，可算这类公共品的一个例子。因此，在逻辑上就存在与两类公共品相对应的"搭便车"行为：一类是针对整个银行业范围内的公共品的"搭便车"行为，另一类是针对银行公会组织内的公共品的"搭便车"行为。

[①] 奥尔森曾在《集体行动的逻辑》(*The Logic of Collective Action*)（1965）一书中，深刻地分析过集团收益的公共品性质，以及由此带来的搭便车的激励对集体行动的瓦解。将集体行动的收益分为相容性（inclusive）收益和排他性（exclusive）收益，他指出具有相容性收益的集团比排他性收益集团更有可能通过集体行动来实现其集团的共同利益。在此前提下，小集团和选择性激励成为集体行动的两个重要条件。其中，与大集团相比，小集团的交易成本更低，其成员更容易判定其成本与收益，若成员从集体行动中获得的收益大于其为此付出的成本，则集体行动就容易达成。而大集团中，其成员无法判定其参与集体行动的成本和收益，"搭便车"就是其最好的策略。选择性激励，则是要对集团内的每一个成员区别对待，包括正面的奖励和反面的惩罚，进而增强集团凝聚力。参见〔美〕奥尔森（Olson, M.）《集体行动的逻辑》，陈郁等译，上海人民出版社，1995。天津银行公会确实符合小集团的特征，其会员不过二十多个，至于选择性激励却表现得并不明显。

克服行业范围内"搭便车"行为的关键,在于使更多的银行加入公会,历史上所采取的办法都与某种强制性联系在一起,即成为会员具有强制性,不加入公会就会受到严厉的制裁,这样行业内的每一个银行都应加入公会,行业范围内公共品的外部性问题就得以内在化地解决。这种强制性既可以来自行会内部,也可以来自政府的法令。前者是我国封建行会通常使用的手段,即所谓的"强制会籍制度"①,它是中国传统城市工商业行会得以维持其组织权威和力量的一项重要制度,其核心在于规定"只有按照行规履行入帮上行的手续,取得会员的资格,才能依据行会所规定的权利和义务行事"。也就是说,若想从事某一行业必须首先加入行会,这样就有效地解决了行业组织所提供的公共品的外部性问题。南京国民政府也曾试图做到这一点,实业部在1936年7月28日颁布的《工商同业公会章程准则》第六条明确规定:"凡在本区域内经营某业之公司行号均应为本会会员。"②"均得"改为"均应",即含有强迫入会性质,但这与天津银行公会"自愿入会"的原旨颇有出入,因此,这种强制性直到抗战爆发也未得到贯彻。③

与上述强制性办法不同的是,天津银行公会在不断完善财务制度、尽量减少公会运行成本的前提下,通过向会员行提供更多的组织内公共品,不断增加银行加入公会的激励,从而减轻行业

---

① 彭泽益:《十九世纪后半期的中国财政与经济》,人民出版社,1983,第186页。
② 《天津银行公会致会员函的附件〈工商同业公会章程准则〉》(1936年10月30日),天津市档案馆藏中国银行天津分行档案,档案号:J0161-1-001274。
③ 《会员行与本会律师关于照章修改本会章程事致公会的函》(1936年11月16日),天津市档案馆藏天津市各业同业公会档案,档案号:J0129-2-001600。

范围内的"搭便车"倾向。从逻辑上讲,当加入公会的净收益大于不加入公会而只享受行业内公共品所带来的收益时,即组织内公共品给银行所带来的收益大于加入公会所负担的成本的时候,银行就会选择加入公会;否则,就选择不加入。因此,二者相等就是银行是否加入公会决策的临界点,在这个临界点上银行加入公会与否,其收益和成本是一样的。银行公会所提供的组织范围内的公共品同样存在"搭便车"的问题。解决这一问题的关键在于会员为其享受的公共品公平而合理地付费,因此,一套行之有效的经费分担制度就成了防止会员的"搭便车"行为的重要内容。

第三章
天津银行公会的业务活动

民国时期已有学者对银行公会的业务活动进行探讨。梁启勋通过考察西方国家银行公会的实践经验，将银行公会的业务活动归结为两点：一是票据清算；二是救济金融市场之恐慌，平息金融风潮。只是从行文来看，他似乎将银行公会（Banking Association）与票据清算所（Clearing-house）的业务活动相混淆，但他所指出的这两点确实是银行公会的重要业务活动。① 士浩则指出银行公会的业务活动主要有"代兑货币"、"救济财政"、"维持市面"、"同业营业规程订议"和"财政计划之征求意见"等。② 另有学者在考察我国当时银行公会运行的实践经验的基础上，将银行公会的业务活动归结为四点：一是关于银行营业之事项；二是关于编纂报告之事项；三是关于联络感情之事项；四是关于教育行员之事项。③ 此学者对于银行公会业务活动的总结涵

---

① 梁启勋：《说银行公会》，《庸言》1913 年第 1 卷，第 14 号。
② 士浩：《银行公会效能之发挥》，《银行杂志》1923 年第 1 卷第 2 期。
③ 佚名：《论银行公会之职务》，《银行周报》1918 年第 2 卷第 30 期。

盖范围已非常广泛，但仍缺乏一般性的抽象。

根据1918年制定的《天津银行公会办事细则》、1920年制定的《天津银行公会章程》和1931年改组后制定的《天津市银行业同业公会章程》中所明确规定的宗旨，即"联络同业之感情，维持公共之利益，促进银行业之发达，矫正营业上之弊害"，以及1915年北京政府财政部制定的《银行公会章程》所规定的银行公会"受政府或地方行政长官之委托，办理银行公共事项"的职责，我们可以从三个角度来理解天津银行公会的作用：第一，从会员的角度，它具有联络同业感情、便利会员营业的作用；第二，从整个银行业的角度，它具有维持公共利益的作用，而良好的市场秩序正是银行业最重要的公共利益；第三，从银行与政府关系的角度，它是二者之间联系的桥梁。鉴于天津银行公会的这些作用都是通过其具体的业务活动来体现和实现的，本章将主要从便利会员营业、维护市场秩序、沟通银行与政府关系三个方面介绍天津银行公会的业务活动。需要明确指出的是，若我们沿用第二章的逻辑，将天津银行公会看作一种提供公共品或公共服务的有机系统，那么，本章所叙述的业务活动无非是天津银行公会向其会员提供的公共品或公共服务的具体表现形式。

第一节　便利会员营业

作为行业利益共同体的天津银行公会自成立以来，致力于加强会员间的业务联系，降低交易成本，便利会员营业。其主要措施包括统一营业时间、采取便利会员间联络的措施、开报货币行市等。

　　第一，统一营业时间。在公会成立之前，各银行根据自身情况确定营业时间，给行间往来带来诸多不便。另外，每个银行都需要以各种方式（如登报）向公众传递营业时间信息，亦是一笔可观的开支。鉴于此，公会成立伊始，就有会员致函银行公会，提出统一营业时间的必要性。[①] 自1921年5月起[②]，每年都制定统一的放假单，会员间共同遵守，如遇有特殊事件须调整营业时间，也由公会统一议决，会员共同执行。这样不仅可以便利行间往来，而且以集体的方式登报公布，登报费用由各行分担，为会员行节约了日常开支。统一营业时间的做法给会员行带来的便利是显而易见的，一些非会员行也愿意一起遵守，一同登报并承担相应的费用。例如，1924年9月24日，天津蒙藏银行就专为此事致函天津银行公会曰："嗣后关于银行例假，拟请贵会随时一律通知，并请登报时代敝行一并附登，应摊广告费按分照缴。"[③]

　　第二，采取便利会员间联络的措施。1921年3月，为了给会员提供一个信息交流的平台，经会员会议议决每逢星期六聚餐一次，会员行之间可以利用餐会的时机，"……互报市面最新消息，合做大宗贸易，研究金融计划，皆可于是日讨论一堂。……持之

[①]《致银行公会为今后节假日放假日期各行应该统一的函》（1918年3月26日），天津市档案馆藏天津市各业同业公会档案，档案号：J0129-2-1612-041。
[②]《关于放假日期文件》（1921年5月），天津市档案馆藏天津市各业同业公会档案，档案号：J0129-3-5394。
[③]《关于银行例假登广告费事宜给天津银行公会的函》（1924年9月24日），天津市档案馆藏天津市各业同业公会档案，档案号：J0129-002-001603-016。

以恒，各行自可得最良效果，而本会亦不至等于虚设矣"。① 此后，每逢星期六餐会的信息交流成为公会的惯例，很多重要的交易和公会决策，都是在餐会上由会员提出，充分讨论后提交会员会议表决，由此提高了公会的工作绩效。另外，餐会的信息交流作用还突出体现在局势紧张之时。例如，1931年11月，便衣队作乱，天津市面浮动，人心惶惶，银行公会议决，"在此危险期间，每日在公会午餐"。② 1935年6月，由于华北局势紧张，为互通消息起见，公会决定除每星期六原有的聚餐外，于每星期二、星期四两天增加两次日常聚餐，借便聚谈，"一俟时局缓和，即行取消"。③

1924年8月，为便利会员间交易及联络感情，经会员提议，公会又制定了便利营业及联络感情的办法，这一办法共包括十三条，其核心目的就在于为会员提供一个便利交易的场所，具体内容如下。

一　凡属会员银行每行应派定营业员数人（此项营业员须能负营业上责任者），遇有买卖交易或其他事项，须与某会员银行接洽者，可于每日规定之时间由派定之营业员至本公会聚谈。

---

① 《天津银行公会致会员函》（1921年3月24日），天津市档案馆藏中国实业银行天津分行档案，档案号：J0202-1-0396。
② 中国人民政治协商会议天津市委员会文史资料委员会：《卞白眉日记》第二卷，天津古籍出版社，2008，第159页。
③ 《为增加聚餐次数致会员函》（1935年6月10日），天津市档案馆藏中国实业银行天津分行档案，档案号：J0202-1-0413。

二　上项聚会时间除星期日及放假日外，暂定由每日午后一时至二时止。如将来事实上须变更时，再由会员会议议决变更之。

三　各会员银行派定之营业员应先函本公会接洽，遇有变更时，亦须预先函告本公会。

四　关于买卖交易，其价格或随前一日行市，或俟当日行市开出后随当日行市，均由该行等互相协商，各听其便。

五　买卖交易洽妥后，应各立议单为凭，其议单格式由公会拟具印妥备用。

六　买卖交易之议单内除由各该行之营业员签字盖章外，并应由公会加盖图章，以资证明。

七　议单立定之后，各该行应各自负责，彼此均不得再行变更。

八　各行到会之营业员应轮流互推记帐员一人，逐日将会内所做交易登入簿内，以资稽考。其议单内加盖公会图章之手续，亦由此项记帐员办理。

九　每日会内所做交易，应由公会按照账簿油印分送各会员银行阅洽。

十　公会应备签名簿一本，各行营业员到会时应逐日签名。

十一　会外各银行及钱业有愿意来本会加入聚会者，本会概不拒绝，惟须预与本会洽妥，并应按照本公会所定上项各条办法办理。

十二　每日聚会时，本会除茶水外，其余概不供给。

十三 此项办法经会员会议议决通过后,先行试办;将来事实上如有应行修改之处,由会员会议议决修改之。[①]

1936年天津银行公会接管了银行俱乐部,并于是年7月制定了《天津市银行业同业公会俱乐部章程》和《天津市银行业同业公会银行俱乐部办事细则》,其宗旨为"交换知识,联络感情,互通商业消息,同仁公余娱乐"。更为重要的是,俱乐部会员并非必须是银行公会会员,"本俱乐部会员分左列两种:一是基本会员,由本俱乐部延揽各银行重要职员担任,其常额暂以四十人为最少限度;二是普通会员,由基本会员就其所知广为介绍,其常额暂以一百人为最少限度"。"本俱乐部会员除基本会员由本俱乐部延揽外,凡愿为普通会员者,须有基本会员一人之介绍方能入会。"[②] 这一规定有利于拓宽会员的社会资本网络,提高会员的利益,扩大公会的影响力。

第三,开报货币行市。废两改元及法币改革前,中国币制极度混乱,银两与银元并行流通,各埠根据交易习惯的不同形成了各自不同的计价单位,即虚银单位。例如,上海的九八规元、天津的行化、汉口的洋例等。在实际交易中使用的却是银元,银元与虚银之间的比价为货币行市。例如,银元与规元的比价称为洋厘。货币行市每日涨落不定,成为埠际货币结算时必须考虑的重

[①] 《为八月一日施行便利营业联络感情办法的通知复银行公会函》(1924年7月14日),天津市档案馆藏天津市各业同业公会档案,档案号:J0129-3-5476。
[②] 《天津市银行业同业公会俱乐部章程》《天津市银行业同业公会银行俱乐部办事细则》(1936年7月25日),天津市档案馆藏中国银行天津分行档案,档案号:J0161-1-1274。

要因素。另外,各地市场供求的不同,加剧了各地货币比价的变动,同时也给货币投机创造了空间。①

在这样的背景下,准确而及时地掌握与本埠经济联系相对紧密的城市的货币行市就显得非常重要。若"……以各家逐日津沪银洋行市,电费不赀,亦且迟早不便……"②,故在1922年2月18日的会员会议上③,经会员提议,由公会委托上海银行公会将沪上货币行情按日用急电向其报告,以期在会各行营业时,行市消息得以灵通;编订行市电报密码,以节省电报费。经2月25日会员会议公决④,由公会函天津浙江兴业银行转托其沪行,用该行所编行市电码,除星期日外,于每日早晨将上海洋厘、拆息两项行情以三等急电拍至本埠中国银行,经中国银行译出后,随时送至公会,凡公会在会各行欲知此项行市者,可随时通过电话询问公会或中国银行。同时议决,此项行市邮电费由公会在会各行分担。此项货币行市于3月13日开始拍报⑤,并于3月24日经会员提议,按照公会委托上海浙江兴业银行拍发上海行市电报的办法,委托汉口银行公会按日拍发汉口行

---

① 杜恂诚:《中国金融通史》(第三卷:北洋政府时期),中国金融出版社,1996,第24~28页。
② 《致中国银行为复津沪银洋行市本会概不与闻无从开报的函》(1919年1月14日),天津市档案馆藏天津市各业同业公会档案,档案号:J0129-2-001612-011。
③ 《二月十八日会员会议议决录》(1922年2月18日),天津市档案馆藏天津市各业同业公会档案,档案号:J0129-002-001015-006。
④ 《二月二十五日会员会议议决录》(1922年2月25日),天津市档案馆藏天津市各业同业公会档案,档案号:J0129-002-001015-007。
⑤ 《致各会员行为告知已托沪浙江兴业银行按日发洋厘拆息两项行市的函》(1922年3月13日),天津市档案馆藏天津市各业同业公会档案,档案号:J0129-002-001615-036。

市电报①，一直持续到 1933 年废两改元②。

除上述便利会员营业的努力外，天津银行公会还为市场内的其他经济组织提供了一个与会员行汇聚市场交易信息的平台。档案资料中这样的例子随处可见，兹举两例加以说明。1927 年 1 月 26 日，《大公报》总经理就曾致函天津银行公会董事长卞白眉推广业务，让其呼吁金融界在报纸上多登广告。③ 1936 年 1 月 27 日，一家广告公司致函银行公会："贵会领袖银行，为金融界之总汇，敝公司近为扩充营业起见，……计准备拟一最优待折扣办法，特恳贵会对各会员行先为赐以通函介绍，敝公司再行派员分别前往洽商，藉利进行。"④ 另外，公会在维护会员债权、解决会员间经济纠纷以及会员与其他组织间的经济纠纷中发挥着重要作用。

第二节 维护市场秩序

第一，平息金融风潮。1924 年 8 月下旬，受 1923 年和 1924 年夏经济腹地直隶等地水旱灾害的牵累，加之直隶省第二次直奉战争（1924 年 9 月 15 日~11 月 3 日）⑤ 时局不靖的影响，天津市面萧条，人心浮动，挤兑、停兑风潮骤起。劝业银行、振业银

---

① 《三月二十四日会员会议议决录》（1923 年 3 月 24 日），天津市档案馆藏天津市各业同业公会档案，档案号：J0129-002-001620。
② 《浙江兴业银行函公会停止拍发行市》（1933 年 3 月 20 日），天津市档案馆藏天津市各业同业公会档案，档案号：J0129-3-5334。
③ 《关于请呼吁金融界在本报多登广告函》（1927 年 1 月 26 日），天津市档案馆藏天津市各业同业公会档案，档案号：J0129-003-005379-038。
④ 《关于刊登广告的问题》（1936 年 1 月 27 日），天津市档案馆藏天津市各业同业公会档案，档案号：J0129-003-005416-033。
⑤ 来新夏：《北洋时期的三次军阀战争》，《社会科学战线》2008 年第 9 期，第 148~237 页。

行、华威银行、热河银行、察哈尔银行、河南省银行等多家银行相继遭遇挤兑或停兑,祥瑞兴等多家银号营业停滞。① 在这次挤兑风潮中,政府忙于应付时局,并未有所作为,而银行公会却与其他商人组织一道为阻止金融风潮的蔓延起到了重要作用。同年8月27日,天津银行公会召开临时会员会议,决定接济会员行劝业银行②,帮助其恢复兑现,会议记录如下:"劝业银行报告,该行因周转不灵暂行停兑钞票,并谓该行自身已筹有款项,并由中、交、盐、金四行各接济五万元,一俟该行自筹之款到后,中、交、盐、金四行各接济之五万元即分别拨交该行,以资开兑。"③

除了对同业的接济外,天津银行公会还与商会、钱商公会等商人组织密切配合,共同防止这次挤兑风潮的蔓延。挤兑风潮发生后天津银行公会与钱商公会经过多次磋商,于1924年9月17日经两会联席会议议决,"遇市面风潮时,开联席会议,商量维系办法"。④ "仝以现在吾直大水,各县多被灾侵,外客行商因水而阻;交易既不如常,积欠难期守信,市面已形停顿之象矣。顺直之患未平,江浙之战耗忽起,天灾人祸,纷至沓来,哀我商民营业陡然促厄。夫金融为百业之枢,赖各行互换为源,今既变态,陷于停滞;资本家感于时局,复以怀疑之未决,遂尔持据而

---

① 中国人民政治协商会议天津市委员会文史资料委员会:《卞白眉日记》第一卷,天津古籍出版社,2008,第307页。
② 经交通银行和浙江兴业银行两行介绍,劝业银行于1923年12月1日正式成为天津银行公会会员。参见《十一月二十四日会员会议议决录》(1924年11月27日),天津市档案馆藏浙江兴业银行天津分行档案,档案号:J0204-1-0887。
③ 《会员会议为接济劝业银行开兑的会议记录》(1924年8月27日),天津市档案馆藏天津市各业同业公会档案,档案号:J0129-002-001016-015。
④ 中国人民政治协商会议天津市委员会文史资料委员会:《卞白眉日记》第一卷,天津古籍出版社,2008,第309页。

提存，来源既鲜，周转不灵，是急应救济者也。故吾银钱两业非共同维持，实难渡此难关，即或本身自保，恐亦终被株连。同人等有鉴于此，先事预防，乃经商会提倡，由银钱两业互相维持。"据此制定了《天津银行钱商互相维持金融之公约》，具体内容如下。

一　本公约为银行、钱商全体公同议定之。

二　本公约自议定之后，均签名其上，各以忠诚恳挚之意思考，互相尽维持之义务。

三　银行、钱商两方各举代表两人，专任接洽周转金融事件。

四　本公约内之银行、钱商各家，遇有对于现在金融周转停滞者，若各本家力不能及之时，得随时将详细情形声请代表人，核定救济之方法。

五　代表人接受声请后，得审核该声请家之内容，是否因现在金融停滞之影响，以为维持之标准。

六　声请金融一时周转不灵之家亏累之原因，确非因现在市况所致，得拒绝其维持，但须审查后慎重行之。

七　前项声请之拒绝，代表人非出于万不得已，不得为之。

八　代表人对于声请者连带，应尽设法维持之义务。

九　代表人遇有必要时，得协商决定召集两业全体开会。

十　本公约于市面回复原状之日消灭之。①

9月18日，天津总商会召集天津银行公会、钱商公会以及外国银行在华账房开联席会议，共同议决并经天津警察厅查照、直隶省长公署鉴核备案，组建了一个金融维持会，"取意互相维持，遇有各商中有一时周转不灵者，向其情形，众为接济；勿生意外，以免牵连，济人利己，共维市面"。②

1927年10月11日下午，当时天津最大的银号——志成银号突然倒闭，共欠市面60余万元，其中欠银行、钱号、债权人之款多则八九万，少则数千。志成银号倒闭后，津埠各银号均极戒备。不料，15日上午盛德银号又突然倒闭，致使各家银号拨码受连带影响，一时市面显有不安迹象。益盛源等银号均有搁浅之说，其他三五银号亦有谣言。15日下午，银行公会召集各银行开会，公议维持一时周转不灵之银号，议决办法有三条：一是总额50万元；二是仅以有确实抵押者为限；三是自即日起实行。消息传出后，市场人心渐平，各银号亦不彼此相逼。次日，益盛源银号即向银行公会会员中国、交通、盐业三行抵借款项，借以恢复信用。自此，天津银号风潮逐渐平息。③

1928年12月，天津金融奇紧，谣诼繁兴。适值中华汇业银

---

① 《天津银行钱商相互维持金融之公约》（1927年9月），天津市档案馆藏天津市各业同业公会档案，档案号：J0129-002-001625-082。原档案目录中显示档案形成时间为1921年，根据《银行周报》相关记载，此份档案形成时间应为1927年9月。参见《天津银号风潮志略》，《银行周报》1927年第11卷第42期。
② 《关于组建金融维持会准予备案事给银行钱商公会函》（1924年10月16日），天津市档案馆藏天津市商会档案，档案号：J0128-2-000630-005。
③ 《天津银号风潮志略》，《银行周报》1927年第11卷第42期。

行宣布改组并停业一个月，影响所及，市面遂起恐慌。各银行所发之银元钞票及华威、劝业、农工、蒙藏等银行所发之角票皆遭挤兑。钱摊复来乘机折扣，从中渔利，以致平津两地同起风潮，亟应速图挽救，以期早日息止。鉴于此，天津银行公会于当月12日，分别致函河北省政府、天津特别市政府及公安、财政、社会三局，请其出示布告，"晓谕人民对于各银行兑现发行之钞票、角票一律行使，勿得轻信谣言，自相惊扰。倘有造谣生事及暗中折扣牟利者，一经查出，即行依法严办"。① 在同日召开的公会会员会议上议决维持同业办法三条："（一）由会内各银行先暂筹备五十万元，归中国、交通、盐业、金城、中南、大陆六行公同组织委员会调度。如本埠发行钞票兑现之银行有因应付钞票，不得不请求救济者，可提出相当担保品，经委员会之认可，酌量借款应用。（二）有会致函汇业银行，请其先尽角票兑现，一面再行整理银元、钞票及其他债务。该行兑付角票，如须另借地址等事，可由会协助。（三）由会函致华威银行，请其即日恢复兑现，倘有困难，亦应先尽角票兑付。俾贫民、劳工免受损失。"②

1929年3月，由于受劝业银行钞票停兑及北平农商银行停业的影响，津埠市面人心惶惶，谣言四起。3月28日，天津银行公会召集会员会议，议决维持市面金融的两条办法："（一）由会内各银行先暂筹备五十万元，公同组织委员会。如本埠各银行有因

---

① 《银行公会请颁布告晓谕人民各银行兑现之角票钞票一律通用》（1928年12月12日），天津市档案馆藏天津市财政局档案，档案号：J0054-2-0348。
② 《关于本埠金融奇紧议决救济办法及维持同上办法的会议记录》（1928年12月12日），天津市档案馆藏天津市各业同业公会档案，档案号：J0129-002-001585。

需要不得不请求救济者,可提出相当担保品,经委员会认可,酌量借款援助。如五十万有不敷之数,当继续筹款,以资维持。(二)函请官厅方面维持市面金融,劝告商民勿得轻信谣言,自相惊扰。"① 同年 7~8 月,裕生、义生、泰昌、蚨生祥、利康等银号先后搁浅,为维持市面金融,天津银行公会于 8 月 6 日开会,议决 3 月 28 日的维持办法继续有效,并将津埠市面情形电告沪埠接洽。②

第二,合组银钱业公库。早年由于外商银行强大的资本实力,津埠一些银行、银号乐于将现款寄存外商银行及其华账房。1927 年 7 月,北京汇丰银行拒付同业活期存款,达百万元之巨。加之天津的外国银行中德华、中法、远东三家银行华账房相继停业,津埠各银行、银号亦被欠至七八十万元之多。经此波折,天津银行公会认为,现款存于外国银行及华账房也不安全。为谋现款存放安全,市面金融稳固,须由银钱业组建公库,"专图现款藏匿之安全,及调拨之便利",并制定了章程草案,但由于种种原因未成行。③ 自 1931 年日本侵华以来,国难日趋严重,津埠为华北金融中心,河北省又与东北接壤,地方金融深受影响,加之华北土产滞销,百业不振,以至于市面现洋充斥,现洋与拨账洋发生差价,即所谓的"现疲码俏"。所谓"码",即拨账洋,无非是市面

---

① 《关于报告天津劝业银行钞票停兑及北平农商银行停业情况经议决维持市面金融办法的会议记录》(1929 年 3 月 28 日),天津市档案馆藏天津市各业同业公会档案,档案号:J0129-002-001585-040。
② 《关于议决维持同业办法仍继续有效等问题的会议记录》(1929 年 8 月 6 日),天津市档案馆藏天津市各业同业公会档案,档案号:J0129-002-001585。
③ 参见天津市档案馆藏天津市各业同业公会档案,档案号:J0129-002-001599。

认定的可以拨账某国内银行号或某外国银行所使用的各种票据。市面往来需将现洋贴水,而对外汇兑亦需换成拨账洋方可进行,在现码差价最大时,每现洋1万元兑换拨账洋1万元竟需贴水60元之巨。长此以往,不仅会造成金融呆滞,而且有碍于市面周转。鉴于此,银行公会与钱商公会一起组设了"天津市银钱业合组公库",8月15日经社会局备案后,于10月14日正式开幕。①

天津市银钱业合组公库在性质上属于转账划拨机关,专为公库会员、外国银行及其华账房办理转账划拨,消除现码界限,以调剂金融,安定市面。其具体办法如下:入库会员将现洋存入公库,并由公库按其存入数目开具库条,会员间遇有转账划拨事宜,即凭库条在公库办理。为吸引会员将现洋存入公库,公库决定对存入现洋酌情支付利息,利息支出及公库的其他经费开支由两会分担,初时由银行公会担95%,按照公会向来摊款办法分担,钱会担5%,后钱会分担份额增加到7.5%。1935年11月法币改革后,现码差价问题自然不复存在,但公库划拨转账功能仍在,而由于"该公库所存现币系代中央、中国、交通三行保管",故公库存款利息及其开支改由中央、中国、交通三行间接分担,"藉以维持公库,俾同业得有集中划账机关"。②

第三节 沟通银行与政府

自成立以来,银行公会就起着沟通银行与政府的作用,并突出地体现在其对政府立法的参与上。下面我们以《票据法》和

---

① 参见天津市档案馆藏天津市各业同业公会档案,档案号:J0129-003-005351。
② 参见天津市档案馆藏天津市各业同业公会档案,档案号:J0129-003-005351。

《印花税法》的制定和实施来说明这一点。

20世纪20年代初,鉴于"社会经济日益发达,票据行使日繁",自应亟定《票据法》,"俾有遵以而裨商业"。[①] 于是,1921年5月在天津召开的全国银行公会第二届联合会议议决,由联合会主席、天津银行公会董事长卞寿孙呈请北京政府迅予制定《票据法》。接函后,北京政府财政部先是致函北京银行公会和商务总会要求将内地各处票据之种类、形式分别进行调查,并将所有意见及各项材料函送财政部以备参考。同年10月,财政部又派专人前往京、津、沪、汉等地向各银行公会调查票据使用情形,并通过各银行公会向其会员广泛征求意见。1922年,北京政府修订法律馆成立了《票据法》编纂会,参考世界各国票据立法,制定出《票据法》草案向银行公会等商人组织征求意见,虽前后历经五次修改,却最终因修订法律馆的改组而搁浅。南京国民政府成立后,以北洋政府时期第二次《票据法》草案为蓝本制定的《票据法》,于1929年10月30日正式颁布施行。[②]

1920年6月,根据财政部颁布的《印花税法》,直隶省印花税分处致函天津银行公会,征询银行支票及其性质类似于票据贴用印花税票的办法:"惟查现行印花税法令摘要第二类,关于银行划票、支票如何贴用,应请贵会集议筹有切实办法,迅即答

---

① 《致天津银行公会为派本部高朔前往京津沪汉等地调查现行票据情形的公函》(1921年10月11日),天津市档案馆藏天津市各业同业公会档案,档案号:J0129-002-001614-074。

② 王红曼:《中国近代金融同业组织参与金融立法之考察——以上海银行公会为例》,2014年中国商会研究青年学者论坛,华中师范大学,2014。

复，以便核办。"① 11月8日，再次致函天津银行公会："自十年一月一日起，所有银钱支票及性质类似支票之凭证贴用印花一分，……应由存户于使用支票时贴用其税款，本由存户负担，如银行为便利存户起见，或于发给存户支票簿时先行代为按张贴用，由银行自行负担亦听其便。……相应函请贵会传知各商号一体查照。"② 但鉴于"银行事业尚未发达，支票一项正宜奖励推行，若贴用印花实与存户、银行两有妨碍"③，经1920年11月12日的董事会议议决，由公会呈财政部，请予暂缓实行。

1920年12月，北京政府印花税总局派专人来津疏通支票贴用印花一事，鉴于"此事与全国银行界皆有关系，非津埠一处所能独断"④，故将支票贴印花议案提交第二届全国银行公会联合会议决，"以支票贴用印花，事实上困难甚多"，嘱由天津银行公会径复直隶省公署及印花税分处，并函请各地银行公会一致声请暂行缓办⑤，直至1925年9月1日，银钱支票贴用印花才开始实行。自此，每张支票贴用印花一分⑥，"人民担负虽略加增重，而每张

---

① 《致天津银行公会关于银行划票支票应如何贴用印花请拟定办法见复的公函》（1920年6月2日），天津市档案馆藏天津市各业同业公会档案，档案号：J0129-2-1617-042。
② 《致银行公会关于银行支票及类似支票之凭证账簿贴用印花的公函》（1920年11月8日），天津市档案馆藏天津市各业同业公会档案，档案号：J0129-2-1617-061。
③ 《关于支票贴用印花拟呈部暂缓实行等问题董事会的议案》（1920年11月12日），天津市档案馆藏天津市各业同业公会档案，档案号：J0129-2-1588-017。
④ 《九年十二月二十四日临时董事会议》（1920年12月24日），天津市档案馆藏天津市各业同业公会档案，档案号：J0129-2-1590。
⑤ 《关于支票贴印花是否华商洋商一律执行请印花税处答复再议的会议记录》（1925年8月22日），天津市档案馆藏天津市各业同业公会档案，档案号：J0129-2-1587-012。
⑥ 《关于通告存款户从九月一日开始支票贴印花事的会议记录》（1925年8月31日），天津市档案馆藏天津市各业同业公会档案，档案号：J0129-2-1587-014。

贴用一分尚觉不过吃力"①。

  南京国民政府成立后，根据1927年11月23日公布实施的《国民政府财政部印花税暂行条例》，河北省印花税局及天津特别市政府先后致函天津银行公会，要求银行钱庄所用支票及性质与此相类似之票据，根据银数多寡按累进法贴用印花。若此办法实行，则对于银行号、存户各方面有诸多窒碍："查支票系属一种信用通货，为银行号间流通金融必要之具。各银行号每日除因营业关系出之支票外，尚有因求资金周转活动起见，彼此间具支票互相转拨款项者。故每日每家所开支票拨条等常不下数十张银数，常不下数十百万。若照新条例按银数多寡贴用印花，每日每家须贴印花数十百元之巨，不独无力担此重负，且手续上亦苦不胜其烦。此窒碍一也。又查支票贴用印花须由存户担负，惟各行商所存银行号之款有因存款限度或其他特殊关系并无利息收入者，若所开支票按银数多寡贴用印花，是该存户对于该项存款无得息金之利益，转蒙担负重税之亏损，其结果必将相戒不用支票。此窒碍二也。抑敝公会尚有进者，从前我国在未设银行时代，富商大户多将款项存放洋商银行，十余年来，国内银行事业渐趋发达，曩之存款于洋商银行者已多移就华商银行，而华商银行之惨淡经营，故已煞费苦心。此次国民政府颁行之印花税条例及科罚章程未知是否无论华商洋商各银行均一律办理，抑系但适用于华商银行；如洋商亦一律办理，华商银行自亦当一致遵办；

---

① 《为陈请财政部印花税局修正税法仍照原办法贴用印花税票事致总商会的函》（1928年08月10日），天津市档案馆藏天津市商会档案，档案号：J0128-3-006130-044。

倘洋商银行方面尚有待于将来，一时未能一律办理，则华商银行存户增此重负，必将相率提款转存洋商银行以图免税；若果照此实行是不啻为渊驱鱼，恐政府之收入未增，而华商银行十余年来惨淡经营而仅得者，已将丧失殆尽。此窒碍三也。"①

鉴于此，1928年8月10日，银行公会函请天津总商会，"分别陈请国民政府财政部及河北省印花税局、天津特别市印花税分局准将该条修正仍照原来办法办理，以恤商艰而维业务"。②天津总商会致函呈请后，国民政府复函曰："查银行、钱庄所用支票及性质相类之票据，应按照累进法贴印花系暂行条例所规定，未便率行变更，如果确有困难，俟修正条例时回案提出讨论，在未经修改以前，仍应依例实贴。"③

同年10月，银行公会直接致函南京国民政府行政院、财政部全国印花税处、河北省政府及天津特别市政府陈请支票按累进法贴印花的困难，"银行钱庄支票按累进法贴用印花，税率特重，本埠同业担负维艰。况首都为全国模范，上海为金融中心，现在京沪银钱业支票尚未闻遵章贴用印花，以河北残破之区，津埠商业凋零之地，独令首先担此重税，情理岂得谓平。务恳俯念商艰，迅赐电令河北省及天津特别市各印花税局，将支票按累进法贴用一事暂行缓办。俟将来前项税法京沪均已实行时，津埠再行

---

① 《为陈请财政部印花税局修正税法仍照原办法贴用印花税票事致总商会的函》（1928年08月10日），天津市档案馆藏天津市商会档案，档案号：J0128-3-006130-044。
② 《为陈请财政部印花税局修正税法仍照原办法贴用印花税票事致总商会的函》（1928年08月10日），天津市档案馆藏天津市商会档案，档案号：J0128-3-006130-044。
③ 《为抄支票按累进贴用印花缓行办理电稿致总商会的函（附电稿）》（1928年10月16日），天津市档案馆藏天津市商会档案，档案号：J0128-3-006130-056。

一致遵照办理,俾维金融而免歧异"①;并于10月16日函请天津总商会一致通电力争,以资声援。10月23日,天津特别市印花税分局致函银行公会,要求支票贴印花仍按《印花税暂行条例》办理,并表示银行公会"如能推派负责人员来敝局互商一种于税收无损,于商业无碍之救济方法,敝局并可为之转陈请命"。②

11月17日,天津特别市印花税分局致函总商会,转催银行公会等各业按新税率贴用印花,"案查前准贵会公函,请缓执行银行支票按照累进法贴用印花一案,当以此项税率系国民政府印花税暂行条例所规定,自应遵照实行。虽经贵会分别呈请有案,而在未奉明令变更以前,敝局无权停止执行,函请查照在案。兹查各银行各商店对于此项支票仍多未照累进法贴用印花,似此情形,不但有损国税收入,并于敝局办事上诸多障碍。相应函请贵会烦为转催银行公会并转饬各商业人等,对于支票贴用印花迅即按照条例所定税率切实遵行,以符税法,是为至荷"。③

在接到天津总商会19日的转函④后,11月22日,天津银行公会再次直接致电财政部陈述困难,"银行钱庄支票按累进法贴用印花税,担负奇重,足以减少支票流通,阻碍金融事业",要求财政部"……洞察全国商情予以修正","一俟首都及沪汉各处

---

① 《为抄支票按累进贴用印花缓行办理电稿致总商会的函(附电稿)》(1928年10月16日),天津市档案馆藏天津市商会档案,档案号:J0128-3-006130-056。
② 《为转催银行公会等各业按新税率贴用印花致天津总商会的函》(1928年11月17日),天津市档案馆藏天津市商会档案,档案号:J0128-3-006130-081。
③ 《为转催银行公会等各业按新税率贴用印花致天津总商会的函》(1928年11月17日),天津市档案馆藏天津市商会档案,档案号:J0128-3-006130-081。
④ 《为请按新税率贴用印花致银行公会的函》(1928年11月19日),天津市档案馆藏天津市商会档案,档案号:J0128-3-006130-082。

均已实施,津埠各银行自当一律遵行",同时函请天津总商会、上海银行公会一致力争,以免骤增重税,维持市面金融秩序。①后来,支票按累进法贴印花终未施行,而是改为每张支票贴二分。1929年1月18日,"银行公会开会,讨论支票贴印花二分事,议决他处未贴时津难独异,如即处罚,决难承认,并用公函向印花税处声明"。②后经各银钱公会联名呈请,财政部批准支票贴印花二分事从缓办理。③

1934年12月8日,南京国民政府公布《印花税法》,并于1935年9月1日正式施行。在《印花税法》未施行前,政府通过各地商会向各银行公会广泛征求意见。天津银行公会致函各会员银行充分征求意见,经各银行共同讨论认为,"新印花税法尚有须请财政部酌加修改者数点",其中,关于新税法中重申每张支票贴印花二分的条款,"前以支票贴用印花于票据流通阻碍甚大,经由各地银钱公会呈准财政部免贴有案。故各处均未照贴,……应请财政部加以修改,并仍援前呈准案,一律免贴";此意见除致函天津总商会外,同时致函上海银行业同业公会征求意见并请其挈衔呈请立法院、财政部修改。④经各地公会一致呈请,国民

---

① 《为一致力争免增重税电稿致总商会的函(附电稿)》(1928年11月22日),天津市档案馆藏天津市商会档案,档案号:J0128-3-6130-086。
② 中国人民政治协商会议天津市委员会文史资料委员会:《卞白眉日记》第二卷,天津古籍出版社,2008,第64页。
③ 《为准予从缓办理支票贴用印花事致天津总商会函》(1929年06月04日),天津市档案馆藏天津市商会档案,档案号:J0128-3-006287-045。
④ 《为报对新印花税法之意见事与天津总商会往来函件(附致上海银行业同业公会的函)》(1935年5月29日),天津市档案馆藏天津市商会档案,档案号:J0128-3-007238-028。

政府于1936年2月10日颁布命令，准予支票免贴印花。[①] 值得注意的是，各银行公会为遵守政府法令起见，仍要求各银钱支票用户"遵章实贴，静候解决"。[②]

从上述案例中我们可以看到，天津银行公会起着沟通政府和银行的桥梁作用。从政府的角度讲，银行公会为金融业的代表机关，不仅可以洞悉某些法律制定的必要性，而且可以为法律制定提供重要的理论和实际咨询，并在法规的施行过程中起着重要的传递、宣传、规诫作用，有利于降低司法成本。从银行的角度讲，他们可以通过公会向政府充分表达自己对即将制定或已经出台的法律的看法和意愿，有时还会广泛联系其他社会组织一致呈请，争取有利于自己的法律地位。

[①]《关于银行支票免贴印花的公告》（1936年02月23日），天津市档案馆藏天津市各业同业公会档案，档案号：J0129-2-1589-001。

[②]《关于支票免贴印花一案国民政府已照准给天津银行公会的函》（1936年2月19日），天津市档案馆藏天津市各业同业公会档案，档案号：J0129-002-001589-004。

下 篇

本篇我们将运用新制度经济学的方法，结合经典博弈论的思想，以案例研究的形式探讨天津银行公会在市场运行、制度塑造以及稳定市场秩序等方面的历史作用。

本篇包括第四、五、六章。其中，第四章将政府举借内债当作一种市场行为，并以民国时期直隶（河北）省地方政府和各银行间的一些借贷史实为支撑，来探讨天津银行公会在这一市场中的作用。第五章通过案例研究的方法，探讨天津银行公会在近代中国发行准备制度创造过程中的表现，并进一步透视近代中国政府、商人组织（主要是天津银行公会与天津总商会）在制度塑造过程中复杂而微妙的关系。第六章以维持直隶省钞案为中心，来考察以银行公会、商会为代表的商人组织与政府各自在平息金融风潮、恢复货币信用中的不同作用以及在这一过程中所体现的商人组织间以及商人组织与政府间复杂的利益博弈。

第四章
天津银行公会与政府借贷市场

民国时期，政府举借内债是一种很常见的历史现象，受到学界的广泛关注，并取得了一些重要的研究成果。[①] 但以往的学者倾向于把举借内债看作政府取得财政收入的一种重要方式[②]，或政府搜刮人民的一项重要手段[③]，而鲜有把这种历史现象看作一种市场行为，并深入地探讨这种市场存在的制度基础。关于这个问题，新制度经济学有着相对成熟的理论分析，并建立了一般性的博弈分析框架，即格雷夫—米尔格罗姆和温格斯特模型。[④] 近些年来，国内的一些学者也已经洞察到商人组织在政府借贷市场

---

① 对这些研究成果较详细的介绍，请参见郑成林、刘杰《近十年来中国近代内债史研究的回顾与思考》，《湖南大学学报》（哲学社会科学版）2014年第2期，第96~103页。

② 〔美〕齐锡生：《中国的军阀政治（1916-1928）》，杨云若、萧延中译，中国人民大学出版社，2010，第141~170页。

③ 来新夏：《北洋军阀对内搜刮的几种方式》，《史学月刊》1957年第3期，第8~11页；陈志让：《军绅政权：近代中国的军阀时期》，广西师范大学出版社，2008，第131~140页。

④ 〔美〕约翰·N.德勒巴克、约翰·V.奈：《新制度经济学前沿》，张宇燕等译，经济科学出版社，2003，第283~290页。

中所扮演的角色。例如，张秀莉注意到上海银行公会在南京国民政府内债的承募中扮演了重要的角色[①]；吴景平考察了上海钱业公会在南京国民政府内债承募中所扮演的角色[②]；郑成林等则考察了上海银行公会在内债发行、整理等方面所扮演的角色[③]。但总体而言，这些研究仅停留在现象的描述层面，而并未对商人组织缓解政府承诺问题的作用做进一步的探讨。鉴于此，在本章中，我们将以民国时期直隶省地方政府和以天津银行公会为代表的各银行间的一些借贷史实为基础，来探讨商人组织在这一市场上的作用。需要说明的是，1928年，南京国民政府将原京兆地方与直隶省合并设立河北省。鉴于地域的划分对本书探讨的主题影响不大，为行文的简便起见，下文对二者不再加以区分。

本章共分三节，第一节介绍直隶省地方政府信用及政府借贷市场状况；第二节分析新制度经济学中对于商人组织如何解决政府承诺问题，并指出其局限性；第三节探讨天津银行公会在直隶省地方政府借贷市场中的作用。通过本章的研究，我们发现，银行公会等商人组织的存在确实有利于缓解政府承诺问题，在政府借贷市场的维持中起到了不可忽视的作用，直隶省地方政府借贷市场的持续存在无非是政府与这些商人组织因各自所代表的利益而不断博弈的结果。

[①] 张秀莉：《上海银行公会与1927年的政局》，《档案与史学》2003年第2期，第32~38页。

[②] 吴景平：《上海钱业公会与南京国民政府成立前后的若干内债——对已刊未刊档案史料的比照阅读》，《近代史研究》2004年第6期，第56~86页。

[③] 郑成林、刘杰：《上海银行公会与1920年代北京政府内债整理》，《华中师范大学学报》（人文社会科学版）2014年第3期，第113~122页。

第四章 | 天津银行公会与政府借贷市场

第一节 直隶省地方政府信用与政府借贷市场

民国时期，作为京畿之地，直隶省始终是各派军阀军事争夺的重要对象。1918~1920年直皖战争前，它处于皖系军阀的控制；1920~1922年第一次直奉战争前受直奉两派军阀的统治；1922~1924年第二次直奉战争前受直系军阀的统治；1924~1928年回到奉系军阀的手中，并成为北伐战争的主要战场；1931年"九·一八"事变后，开始置于日本的军事威胁之下，一直持续到1937年全面抗日战争的爆发。政局的动荡一方面导致地方政府财政赤字猛增，借款成为必需；另一方面也导致了政府承诺问题，糟糕的财政状况使得政府根本无力按时履行债务协议，愆期偿付，甚至停付是常见的事，直隶省政府所欠各银行的借款皆"一再愆期，无一能履行合同，积累既深，弥感困难"。①

兹举例如下。1920年12月，直隶省政府以开滦矿务盈余为担保发行直隶赈灾公债120万元，利率为年息12%，期限为10年，但实际愆期未付。1921年1月，直隶省政府为谋军事善后，以省统税收入为担保发行直隶四次公债300万元，期限6年，第一年利率为周息1分，以后每年递加15厘，已还175万元，其余部分自1925年2月起停止还付。1925年1月，直隶省以该省杂税、屠宰税为担保发行直隶五次公债300万元，但在

---

① 《关于省当局借款实感困难最好先清理旧债再议借款的会议记录》（1926年3月29日），天津市档案馆藏天津市各业同业公会档案，档案号：J0129-002-001586-009。

1925年6月付了第一期利息后，即停止继续还付。1926年，直隶省政府以全省统税、杂税、契税收入等为担保，发行善后公债400万元，利率为年息8厘，自当年6月发行，分3年还清，但本息讫未还付。河北省政府成立后，于1929年发行河北省特种库券240万元，以长芦食户捐全年收入的1/3、开滦矿务局应缴之煤税等为担保，利率为月息7厘，期限10年，截至1932年5月，已还30万元，其余未予还付。1930年1月，河北省政府以官产荒黑地变价及全省煤税等为担保，发行河北省编遣欠饷库券，期限为10个月，但实际延长至1931年2月，始兑付结清。①

从逻辑上讲，在这样的政府信用下，政府借贷市场是不可能持续存在的。但历史的事实是，政府的确不断从公众那里获得借款，并且这些借款基本都是以市场的方式通过与公众签定借贷协议获得的，即政府借贷市场始终存在。根据来新夏的界定，内债主要包括三种方式，即政府正式发行的公债、非正式的国库证券、国内银行短期借款或垫款等。② 1917~1930年，直隶省政府发行公债和国库证券就有11次之多③，国内银行短期借款或垫款更是泛滥到无从统计，仅1926年10月~1928年9月的两年间以直隶省财政厅和长芦盐运使公署名义与各银行达成的借款就有11笔，金额达575万元（见表4-1）。

---

① 潘国旗：《近代中国地方公债研究：以江浙沪为例》，浙江大学出版社，2009。
② 来新夏：《北洋军阀对内搜刮的几种方式》，《史学月刊》1957年第3期，第8~11页。
③ 潘国旗：《近代中国地方公债研究：以江浙沪为例》，浙江大学出版社，2009。

表 4-1　直隶省财政厅和长芦盐运使公署借款情况
（1926 年 10 月~1928 年 9 月）

日期	债权方	债务方	金额（万元）	期限（月）	月息
1926 年 10 月 19 日	大陆、金城、盐业、中南银行	财政厅	30	10	1 分 2 厘
1927 年 5 月 11 日	中、交等 18 行	同上	120	5	1 分 4 厘
1927 年 10 月 11 日	同上	同上	130	5	同上
1928 年 5 月 10 日	同上	同上	50		同上
1928 年 1 月	天津银行公会会员各行	同上	80		
1927 年 8 月 18 日	中、交、金城、大陆、盐业、中南银行	长芦盐运使公署	50	1	1 分 4 厘
1927 年 11 月 11 日	同上	同上	60	1	同上
1928 年 3 月 9 日	同上	同上	15	1	同上
1928 年 4 月 7 日	同上	同上	15	1	同上
1928 年 4 月 18 日	同上	同上	15	1	同上
1928 年 9 月 26 日	盐业银行	同上	10	1	1 分
	合计		575		

资料来源：罗澍伟《近代天津城市史》，中国社会科学出版社，1993，第 403 页。

第二节　商人组织在解决政府承诺问题中的作用

在上一节的叙述中，我们看到，在政府信用欠佳的情况下，却始终能借到款，即政府借贷市场始终存在，这一点并不符合市场的逻辑。因此，在政府和公众之间必然存在一些有利于解决或缓解政府承诺问题的制度安排,这些制度安排构成了民国时期政府借贷市场长期存在的基础。那么,这些制度安排究竟是什么?关于这个问题,新制度经济学有着相对成熟的理论分析,并建立了一般性的博弈分析框架,即格雷夫—米尔格罗姆和温格斯特模型。[①]

该模型有三个假设。①有两类博弈参与者:政府和公众。其中,公众既可以是自然人,也可以是法人组织。公众数量庞大而且无差异,因此,可由区间 $[0, d]$ 上连续的点来代表。这里需要说明的是,在民国时期,拥有巨大资本量的银行不仅是政府的直接借款者或垫款者,而且是政府债券的承销者和包销者。公众似乎与政府借贷关系不大,但政府债券最终要么销售给公众,要么作为纸币准备金或发行准备金流到公众手中,而银行垫款或借款的资本更是直接来自公众的存款。也就是说,公众是政府借贷的最终承担者。②在一段给定的时期内,债务额度为 d,政府的总价值为 $v(d)$,政府对每一笔债务在债务协议中同意支付的利率为 i,$i > 0$;于是,当政府严格履行债务协议时,其所得的净支付为:$U(d) = v(d) - id$,由于债款对政府而言是宝贵的(举债在民国时期对于政府财政的重要性表明这一点是符合历史的),则函数 v 是非负的,我们再假定函数 v 是严格的凹函数和可微函数。③ $U(0) = 0$,且在特定值 $d^* > 0$ 处,$U(d)$ 达到最大值,我们称 d^* 为有效债务水平。

根据上述假定,若政府承诺问题不存在,即政府严格履行债

[①] 〔美〕约翰·N. 德勒巴克、约翰·V. 奈:《新制度经济学前沿》,张宇燕等译,经济科学出版社,2003,第 283~290 页。

务协议时，其所得到的净支付为 $U(d) = v(d) - id$；若政府违背承诺，未对一小部分债权人 ε 履行债务协议，则其节约的利息成本为 $i\varepsilon$，侵吞的资本为 ε。因此，政府在总债务 d 的基础上，欺骗一部分债权人所得到的最终支付为：$U(d) + \varepsilon(1 + i)$。

这种交互作用一期一期地重复，参与者从整个重复博弈中得到的支付是贴现因子为 δ 的各期支付的贴现和。因此，当 t 期的债务为 d_t 时，政府得到的支付为：$\sum_{t=0}^{\infty} \delta^t [U(d_t) + \varepsilon_t(1 + i)]$，同样的，个体债权人所得到的支付是他们各期支付的贴现和。

在此基础上，该模型分别考察了双边声誉机制下的博弈、多边声誉机制下的博弈以及商人组织参与的多边声誉机制下的博弈三种博弈状态，得出的结论是：政府承诺问题不能通过双边声誉机制来解决，也不能仅靠多边声誉机制来解决，具有沟通和协调功能的商人组织的存在，有利于提高公众集体行动的效率，进而增强多边声誉机制的效能。在公众与政府的利益博弈中，由于正式组织的存在，政府履行债务协议以及公众相信政府会这样做的信念不断得到强化，由此构成了政府借贷市场存在的制度基础。

档案资料显示，在直隶省地方政府借贷市场上，确实活跃着一些具有沟通和协调作用的商人组织，例如，商会、银行公会、钱商公会、芦纲公所等，几乎每一次政府借贷背后都有他们的影子。但与本节模型所揭示的结论相出入的是，历史上直隶省地方政府的承诺问题始终未得到解决。究其原因可能在于本节的模型有一个隐含的前提，即政府是稳定的，可以控制自己的财政收支。在这个前提下，有协调能力的商人组织与政府的长期博弈才有利于政府承诺问题的解决。而这一点，恰恰是政局动荡中的直隶省地方政府所不具备的。一方面，直隶省地方政府不能控制自己的财政支出。正如前面所指出的，直隶省始终是各派军阀争夺的对象，军政费支出庞大且无常。另一方面，直隶省地方政府也不能控制自己的财政收入。民国时期直隶省地方政府的收入主要包括田赋、营业税、契税等。以1935年度为例，当年河北税收预算为1340万元，其中，田赋530万元、营业税540万元、契税240万元，仅此三项税收预算就达1310万元，占总数的97.7%。[①] 但由于政局动荡，这些税收并不稳定。据河北省财政厅统计，仅1927~1931年各县结欠田赋就超过339万元，占到1935年全年田赋预算的64%。[②]

第三节　直隶省地方政府借贷市场中的银行公会

虽然新制度经济学的相关结论并不能直接适用于我们所要考察的问题，但这些结论促使我们思考商人组织在缓解政府承诺问题中的作用。在本节中，我们将以直隶省地方政府与银行公会间的借贷史实为基础，来刻画政府与商人组织的博弈过程，并把这种博弈过程划分为三个阶段：第一阶段，借贷协议签定前，其博弈的焦点为"借与不借"；第二阶段，借贷协议谈判时，其博弈的焦点为担保品是否确实、期限长短、利率高低等；第三阶段，

[①] 杨荫溥：《民国财政史》，中国财政经济出版社，1985，第82页。
[②] 《关于借款文件》（1932年7月27日），天津市档案馆藏天津市各业同业公会档案，档案号：J0129-003-005369。

借贷协议签订后的合同治理。在博弈的三个阶段中，我们将看到银行公会在政府借贷市场持续存在的独特作用。

1. 借与不借

直观地看，在"借与不借"的问题上，暴力因素似乎是很重要的，并且历史上暴力的威胁，甚至直接的掠夺现象是存在的，但暴力因素并不是这个问题的决定性因素。一方面，暴力威胁只能是权宜之计，并会削弱政府统治的合法性，因此除非迫不得已，政府不会采取暴力威胁，这也是暴力威胁通常出现在战争之际的原因。另一方面，津埠银行的办公地点多设在租界，受外国势力的庇护，政府的暴力威胁难免受到租界政治的掣肘。据天津银行公会的调查统计，截至1936年10月30日，包括外商银行、华商银行及中外合资银行在内，天津共有银行47家，其中有46家在租界落户（见表4-2）。

表4-2 天津市各银行行名和地址清册

行名	地址
中国银行	天津法租界八号路
交通银行	天津法租界四号路
盐业银行	天津法租界八号路
金城银行	天津英租界中街
中南银行	天津英租界中街
大陆银行	天津法租界六号路转角
上海银行	天津法租界八号路
中孚银行	天津法租界八号路

续表

行名	地址
浙江兴业银行	天津法租界二十六号路转角
中国实业银行	天津英租界
新华银行	天津法租界中街
大生银行	天津法租界六号路
北洋保商银行	天津法租界中街
东莱银行	天津法租界十四号路
殖业银行	天津法租界四号路
大中银行	天津法租界中街
中国垦业银行	天津法租界六号路
中国农工银行	天津法租界七号路
边业银行	天津法租界八号路
国货银行	天津法租界八号路
国华银行	天津法租界中街
以上 21 家系会员银行	
中央银行	天津英租界中街
河北省银行	天津法租界十四号路
市民银行	
中原银行	天津日租界
香港国民银行	天津法租界八号路
裕津银行	天津法租界八号路
益发银行	天津宫北
功成银行	天津英租界
北平农商银行天津办事处	天津法租界四号路
山西省银行天津办事处	天津英租界广东路
以上 10 家系非会员银行	

续表

行名	地址
汇理银行	天津法租界中街
华比银行	天津英租界中街
花旗银行	天津英租界中街
正金银行	天津英租界中街
中法工商银行	天津法租界中街
朝鲜银行	天津法租界中街
大通银行	天津法租界中街
华义银行	天津法租界中街
德华银行	天津英租界中街
汇丰银行	天津英租界中街
麦加利银行	天津英租界中街
义品放款银行	天津法租界中街
正隆银行	天津日租界旭街
天津银行	天津日租界旭街
敖华银行	天津英租界中街
合通银行	天津英租界海大道
以上 16 家系外商银行	
合计：47 家	

资料来源：《天津市各银行行名地址清册二十五年十月三十一日》（1936 年 10 月 31 日），天津市档案馆藏天津市社会局档案，档案号：J0025-3-000247-015。

1928 年北伐战争期间，直隶省库空如洗、税收停顿，而战事正殷、支出浩繁，非筹得巨款不能应付。鉴于此，直隶省长、督办训令长芦盐运使公署和直隶财政厅致函天津银行公会，要求以盐税协款及产销捐为抵押品向津埠各银行借款1000万元①，并以武力相胁："鄙人负有地方之责，迭经严令各军维持秩序，保卫地方。惟饥军不可久支，必赖地方各界设法筹集巨款以资救济始可应付下去。否则，饥不择食，人之恒情。倘各部队因给养不继，用费无着而发生意外举动，届时实难严为约束。"②而此时天津银行公会已向租界当局接洽保卫问题，"法工部局派人保卫甚严"。③此项借款最终以直鲁联军的败走而不了了之。

那么，银行方面会不会选择以租界为依靠任意拒绝政府的借款请求呢？不会的。1926年9月，长芦盐运使公署拟以长芦盐税协饷押款，初商200万元，后经银行方面争取，减为100万元，"催逼甚紧"。各总行之意对此借款加以拒绝，"如有不测则请租界当局保护"。但事情的结果，经过双方妥协还是达成了借款协议，"因我行等在租界外事业难保险也"。④

既然暴力因素不是"借与不借"的决定因素，那么，借贷款项的安全性问题就成为选择"借与不借"时考虑的首要因素。在这个博弈中，政府对于借款有种迫切的需要，借款对政府而言是宝贵的，但政府的信用是不佳的，政府承诺问题的存在是共同认知，博弈的双方都知道，而银行只有在政府能保障其借贷款项的

---

① 《长芦盐运使公署 直隶财政厅公函》（1928年5月28日），天津市档案馆藏天津市各业同业公会档案，档案号：J0129-3-5320。
② 《褚玉璞致天津银行公会函》（1928年6月6日），天津市档案馆藏天津市各业同业公会档案，档案号：J0129-3-5320。
③ 中国人民政治协商会议天津市委员会文史资料委员会：《卞白眉日记》第二卷，天津古籍出版社，2008，第23页。
④ 中国人民政治协商会议天津市委员会文史资料委员会：《卞白眉日记》第一卷，天津古籍出版社，2008，第417页。

安全性时才会选择借款给政府。在政府信用不佳的情况下，作为降低政府信用风险的重要手段，有抵押品就成了借款成立的重要依据。档案资料显示，提供一定的担保品做抵押通常是借贷协议达成的必要条件，而不能提供担保品或担保品不确实则通常是银行拒绝提供贷款的原因。

1920年4月13日，天津西南隅筑围事务所因工程款以天津本地绅商的名义函请天津银行公会各会员银行借款10万元，其抵押品为"呈请省长厅长立案原稿并省长批示各立案根据"①，并以众多绅商为信用担保。17日，银行公会召开会议，并于次日函复西南隅筑围事务所："……敝会各行系属营业性质，……所有此项借款敝会各银行一再讨论，为照银行定章，能以活动之品为之抵押，即可照办；否则殊难应命。"② 1932年7月27日，河北省财政厅致函天津银行公会，拟以本省各县1927~1931年结欠田赋作为抵押品，向各银行借款150万元，并强调"本厅查前项欠赋系最近期内确实可靠之款，且其数逾借额在一倍以上"。③ 8月6日，银行公会召开会议共同讨论后，以时局及国际经济形势影响为借口拟复婉拒④，而实际上却是因为抵押品不可靠。卞白眉日记里这样写道："11日，肖心斋来谈，对于借款事，拟改为借

---

① 《致银行公会为围墙当即动工房摊款措手不及请暂由贵会借垫以房地摊款作抵的函》（1920年4月13日），天津市档案馆藏天津市各业同业公会档案，档案号：J0129-002-001617-034。
② 《致津西南隅筑围事务所为复围墙借款能以活动品抵押即可照办》（1920年4月18日），天津市档案馆藏天津市各业同业公会档案，档案号：J0129-002-001617-006。
③ 《关于借款文件》（1932年7月27日），天津市档案馆藏天津市各业同业公会档案，档案号：J0129-003-005369。
④ 《天津银行公会会议记录》（1932年8月6日），天津市档案馆藏中国银行天津分行档案，档案号：J0161-2-000873。

二十三万，随即（与）交行及四行诸君商量，佥谓只能办少数，且须换可靠之抵押品。"①

需要指出的是，除要求担保品外，有时候政府借贷市场双方还会以第三方信用担保的形式来提高借贷款项的安全性。但这种情况比较少见，一般是因为政府作为借方拿不出可靠的抵押品，只好找一个与其关系密切的第三方担保负履行承诺之责任。例如，1920年，直隶省财政厅向各银行借款30万元，除以省金库作为抵押品外，还以直隶省银行为第一担保，负完全归还之责，中、交两行为第二担保。后此项借款期满，财政厅无法履行承诺，即由银行公会函催直隶省银行按照原约负担保归还责任。②

2. 借贷合同的谈判

在"借与不借"的问题上，若政府和银行公会选择了"借"，那么二者就开始进入博弈的第二阶段，即借贷合同的谈判。在这一阶段，以银行公会为代表的各银行希望以最小的借贷风险来获得最大的借贷收益，而政府则希望以最小的代价获取更多的借款。担保品（基金）是否确实及其管理、借款数目的多寡、期限的长短、利率的高低等都成为博弈的焦点，最终的政府借贷合同无一不是政府与银行公会双方在这些问题上相互妥协的结果。

担保品（基金）的有效控制和管理有利于降低银行的信用风

---

① 中国人民政治协商会议天津市委员会文史资料委员会：《卞白眉日记》第二卷，天津古籍出版社，2008，第192页。
② 《十月二十四日董事会议案》（1920年10月24日），天津市档案馆藏天津市各业同业公会档案，档案号：J0129-2-001590。

险,对期限和借款数目的控制可以降低银行的流动性风险。因此,在政府借款中,银行会要求更多、质量更好的抵押品。1928年1月14日的银行公会会员会议记录中这样写道:"关于省政府借款事议决……如系原押品,只能承借七十万,倘能增加押品,可共承借八十万。"[1] 而对政府来讲,担保品皆为其重要的财政收入来源,担保品的质量越高,其借款收益就越低。因此,政府希望以更少的抵押品获取更大数额的贷款,有时甚至不惜重复抵押,这当然是银行所不能允许的。1926年3月,直隶省当局以二五卷烟税及烟酒公卖局税收、本埠铺捐及官产等项作为抵押磋商借款。29日,银行公会召开会议,经某会员行证实,其中所有直隶省二五卷烟税,已由驻津纸烟捐务处向该会员京行押借款项。经共同讨论议决,"据中华汇业银行声称,所有直省二五卷烟税,前经驻津纸烟捐务处向该京行押借洋六十五万元,……自未便再行重复作押"。[2]

在其他条件都不变的情况下,借款数目越大、期限越长就越能缓解其当前的财政压力;相应的,银行的流动性风险也就越大。利率越高,银行的收益也就越高;相应的,政府的借贷成本也就越高。1935年1月,长芦盐务稽核所向银行公会函商借款,其抵押品为盐商缴税准单运照,借款数目为200万元,按月息7厘计息。18日,银行公会开会讨论后,对抵押品未提出异议,而

---

[1] 《一月十四日银行公会会员会议记录》(1928年1月14日),天津市档案馆藏浙江兴业银行天津分行档案,档案号:J0204-1-0891。
[2] 《关于省当局借款实感困难最好先清理旧债再议借款的会议记录》(1926年3月29日),天津市档案馆藏天津市各业同业公会档案,档案号:J0129-002-001586-009。

是将借款数目减为 100 万元，利率改为月息 1 分，不得低于 9 厘[①]，并附此意函复。长芦盐务稽核所接函后，将利率加为 9 厘，而借款数目仍坚持 200 万元。25 日，银行公会开会："兹以刻下市面银根甚紧，此项借款各银行仍先按一百万之数分担承借。至利率一项，现在贷息较高，仍请该所查照前函，改按月息一分计算。倘该所能将利息改为一分，其余一百万元能否分担加借，须由各银行察酌实力情形，不能预定，但非绝对无商量之余地。公决，即照此意函复。"[②] 后经双方磋商，并经 29 日的银行公会会议议决，借款数目确定为 100 万元，利率为月息 9 厘。[③]

3. 借贷合同的履行

借贷协议签订前，银行公会为了尽量争取其所代表的各银行的利益，围绕担保品、借款数目、期限、利率等问题与政府展开了激烈的博弈。借贷协议签订后，就进入了合同的履行阶段。在这一阶段，银行公会通过各种方式督促借贷协议的履行，缓解政府承诺问题，降低政府违约风险。

作为基于行业共同利益的联合体，维护会员履行债权是银行公会的一项基本职责。[④] 档案资料显示，每届还本付息之期临近

[①] 《二十四年一月十八日天津银行同业公会会议记录》（1935 年 1 月 18 日），天津市档案馆藏中国实业银行天津分行档案，档案号：J0202-1-0413。
[②] 《二十四年一月二十五日天津银行同业公会会议记录》（1935 年 1 月 25 日），天津市档案馆藏中国实业银行天津分行档案，档案号：J0202-1-0413。
[③] 《二十四年一月二十九日天津银行同业公会会议记录》（1935 年 1 月 29 日），天津市档案馆藏中国实业银行天津分行档案，档案号：J0202-1-0413。
[④] 1922 年 3 月的一次公会午餐会上，"群议公会须为会员催索债款"。参见中国人民政治协商会议天津市委员会文史资料委员会编《卞白眉日记》第一卷，天津古籍出版社，2008，第 191 页。

之时，银行公会总会应会员要求催促政府按时履行债务协议。例如，1927年4月底，天津市政公债第三次付息及第一次抽签还本为期已近，财政厅却迟迟未将抽签号码公布。天津银行公会致函财政厅，要求其"……迅予查照该项公债条例举行抽签，登报公布，届期发付本息，……而维债信"。①

若发生违约事件，银行公会将应会员要求向政府主张债权，而政府方面为挽救其债信，通常也会积极回应银行公会的要求。1923年4月5日，因某政府机关未能按期履行债务协议，中国、交通等7家会员行要求银行公会致函该政府机关，"请其将上项债务迅即妥筹切实归还办法，以资结束，而维血本"。② 13日，该机关复函表示："前项七银行借款已迭经接洽，惟一时苦无办法。前承贵公会谆嘱，自当特别注意，尽先设法办理。"③ 1924年，鉴于时局原因，直隶省四次公债当年应付本息都未能如期偿还。银行公会两次致函财政厅，请其先将利息偿还。而政府方面为挽救政府信用，很快补发了利息，"至应付本款一项，亦已饬厅赶速筹备矣"。④

在主张债权无效的情况下，银行公会有时也会以集体抵制相威胁。但这种抵制并不像新制度经济学模型中所揭示的刚性抵

---

① 《关于请将公债举行抽签登报公布届期发付本息号码致直隶财政厅复函》（1927年4月28日），天津市档案馆藏天津市各业同业公会档案，档案号：J0129-002-001599-070。
② 《会员致银行公会函》（1923年4月5日），天津市档案馆藏天津市各业同业公会档案，档案号：J0129-3-5478。
③ 《交通部公函》，天津市档案馆藏天津市各业同业公会档案，档案号：J0129-3-5478，1923年4月13日。
④ 《为维持公债信用持票人免受延期损失省银行补发息金一月给天津银行公会的函》（1925年2月3日），天津市档案馆藏天津市各业同业公会档案，档案号：J0129-002-001605-027。

制，即完全拒绝借款，而是将旧债与新债联系起来，将旧债的履约情况纳入新债的谈判中，以此减缓政府承诺问题。

1926年2月1日的会员会议上，鉴于"省政府近来所欠各银行债务……虽经本公会迭次函催履行原约，省当局迄无具体答复"，银行公会议决录中这样写道："如省政府对于已经成立之债务不能维持债信，嗣后如再遇有商借款项等事，应即力持慎重，以免再蹈覆辙。"①

1926年3月，省当局再度磋商借款的时候，银行公会明确提出："最好由本公会将自李督办前次督直起至目下止，所有属于财厅范围之各项借款，无论其是否经由本会办理，抑系由各行自行承借者一律查明，通盘核计共欠债额若干，原有抵押品几种，现应如何统筹整理，或维持原案办法，公同商酌妥后，并视各行实力情形如何，再行决定新借款能否承借。似此新旧兼顾，庶免金融界发生不良之影响。"②

1926年9~10月，长芦盐运使公署向银行公会提出以盐税协饷抵押借款项，坚持数目100万元，银行公会提出条件，要求官方以后不再借始答应承借，但官方并不接受，而是将此条件改为"本借款期内不再筹或再借他款"，并由官方保证速结一项旧债，才最终签定借贷合同。③ 12月官方再次派募善后公债、直隶六次

---

① 《关于省府对成之债务不讲信用以再借款应力慎重对旧债务应拨基金呈报省长》（1926年2月1日），天津市档案馆藏天津市各业同业公会档案，档案号：J0129-002-001586。
② 《关于省当局借款实感困难最好先清理旧债再议借款的会议记录》（1926年3月29日），天津市档案馆藏天津市各业同业公会档案，档案号：J0129-002-001586-009。
③ 中国人民政治协商会议天津市委员会文史资料委员会：《卞白眉日记》第一卷，天津古籍出版社，2008，第421页。

公债的时候，银行公会即援引此项合同条款加以拒绝："佥以省当局前以直隶盐务协款向各银行抵借一百万元一案合同内曾经订明，在本借款本息未清以前不得再向各银行筹借其他款项，并经褚总司令于原合同内批注照准在案。前项借款现在尚未还清，所有此次派募之公债，按照前项借款合同，本公会未便向各银行代为劝募。"①

为了减少政府承诺问题给债权各行带来的损失，银行公会还将抵扣旧债作为新债合同签订的谈判筹码。通过1926年8月4日的银行公会会员会议即可窥其一斑，现将其议决案节录："主席报告财厅滦矿股票押款，本会昨议决该滦股五万零八百九十八股，可按六扣左右作押现洋四十万元。内中交现三十万元，余十万元扣抵旧欠一节，业与财厅接洽；该厅之意，原拟以该项滦股押借七十万元，现可减至六十万元，对于旧账当另筹整理办法，希勿在此款内扣抵。……当经议决财厅方面对于各银行允借四十万扣抵十万旧账一节既有为难情形，所有滦股抵押折扣可即酌为提高，每股改按十元作押，该滦股五万零八百九十八股即由各银行押借洋五十万元，八成（四十万元）支付现款，二成（十万元）以直隶省各银行保付，井陉矿局所出已到期之期票交付，藉抵一部分旧欠。"②

经过上述三个阶段的博弈，在政府信用不佳，即政府承诺问

---

① 《关于财厅公债整理偿还期限待函到后再议另派县省公债20万元不能认购会议记录》（1926年12月18日），天津市档案馆藏天津市各业同业公会档案，档案号：J01291002-001586。

② 《八月四日会员会议议决录》（1926年8月4日），天津市档案馆藏中国实业银行天津分行档案，档案号：J0202-1-0400。

题始终存在的前提下,政府依然获得了借款;银行则凭借银行公会的平台,以集体行动的力量,在尽量减少损失的前提下,在政府借贷市场上获得了最大的收益。直隶省地方政府借贷市场的持续存在无非是政府与这些商人组织为各自所代表的利益而不断博弈的结果。

在本章中,我们看到,由于政局的动荡,直隶省地方政府不能在预期的时间内控制自己的财政收支,新制度经济学所揭示的结论并不能直接适用于直隶省地方政府借贷市场,却促使我们思考商人组织在缓解政府承诺问题中的作用。本节以直隶省地方政府与银行公会间的一些借贷史实为基础,刻画了政府与银行公会在政府借贷问题上的三个阶段的博弈,其结果是:在政府信用不佳,即政府承诺问题始终存在的前提下,政府获得了借款;银行在尽量减少损失的前提下,在政府借贷市场上获得了最大的收益。由此我们认识到,天津银行公会等商人组织的存在确实有利于缓解政府承诺问题,在政府借贷市场的维持中起到了不可忽视的作用,那么,我们的研究结论是否有助于理解整个民国时期的政府债务问题呢?

众所周知,民国时期,军阀混战,财政支出巨大且无常,财政收入却无法保证。1916~1936年,中央政府的财政始终处于赤字状态,并且其规模有不断扩大的趋势,从数千万元一直膨胀到数亿元。[①] 在这样的财政状况下,举借内债是其弥补财政赤字的重要手段之一。其中,仅就中央政府正式发行的公债而言,

---

① 杨荫溥:《民国财政史》,中国财政经济出版社,1985,第3页、第43页。

1912~1926年北洋政府共发行内债27种，实际发行总额达612062708元；1927~1935年南京国民政府发行债券更多达35种，债额达163600万元。[1]

历史表明，民国时期中央政府对公众的承诺问题始终存在，因为他们的信用是不太可靠的，在1918~1936年的短短十几年内居然分别于1921年、1932年、1936年进行了三次公债整理[2]，而整理公债的核心内容无非是延期减息，其实质在于政府无法履行债务协议兑现还本付息的承诺。1921年，北洋政府财政总长周自齐在其整理内债的呈文中曾这样写道："……如遵照公债条例，按期偿付本息，……按之目前财政状况，必无力以办此。"[3] 对于1932年的公债整理，中国银行领导人张嘉璈也曾有这样的评价："我于民国十年协助北京政府整理公债一次，今又协助南京国民政府作第二次整理，若再有第三次之整理，国信荡然矣。"[4]

若从经济学的角度看，政府举借内债是一种市场行为，其背后存在一个借贷市场，在这个市场上，政府作为借方，公众作为贷方。按照市场的逻辑，并不是政府有借款需要，就能借到款，而是只有政府承诺履行其与公众签订的债务协议，并按时兑现承诺还本付息，才能借到款。若政府不能做到这一点，承诺问题就产生了。只有在成功地解决或有效地缓解政府承诺问题的前提

---

[1] 千家驹：《旧中国公债史资料（1894-1949年）》，中华书局，1984，第三七~二三二页。
[2] 中国银行行史编辑委员会：《中国银行行史》，中国金融出版社，1995，第44页、第296~299页。
[3] 千家驹：《旧中国发行公债史的研究》，《历史研究》1955年第2期，第105~135页。
[4] 姚崧龄：《张公权先生年谱初稿（上册）》，转引自马长伟、姚金元《近代中国政府三次债务整理案的比较研究》，《江西财经大学学报》2014年第2期，第87~96页。

下，政府借贷市场才能持续存在。我们看到，民国时期每一次政府公债发行或政府借款的背后都有像天津银行公会这样的商人组织或准商人组织活动的身影，它们通常扮演着两种角色：一是政府信用担保人，让公众相信政府信用在某种程度上是可靠的；二是公众利益代表者，在与政府展开激烈的利益博弈中寻找某种均衡。正是它们的存在使得民国政府可以不断从公众获得款项来弥补财政赤字，构成了民国时期政府借贷市场运行的制度基础。另外，本章的研究对于当前中国地方政府债务的治理问题也具有一定的启示意义。

第五章
天津银行公会与金融制度塑造：检查准备金案

健全的制度安排是市场良性运行的必要条件，但经济学、政治学和社会学的学者由于研究视角的不同，对制度的定义也不同。其中，经济学最广泛使用的定义来自诺斯，即制度是"正式规则或非正式约束及其实施机制"。[1] 格雷夫则在诺斯的研究基础上，将遵守规则的激励以及随之而来的信念和规范置于分析的中心，并从制度产生行为秩序的角度出发，融汇了以往关于制度定义的要素，提出了一个综合的制度观，即"规则、信念、规范和组织共同作用并导致（社会）行为秩序产生的一个系统"。[2] 从起源上，我们可以将制度分为两种：一是社会系统内部自发演化的结果，二是制度移植的结果。二者至少有一点是共通的，即制度

---

[1] Douglass C. North, "Institutions," *The Journal of Economic Perspectives* 5 (1991): 97-112.
[2] 〔美〕格雷夫：《大裂变：中世纪贸易制度比较和西方的兴起》，郑江淮等译，中信出版社，2008，第26~32页。

是一个促使行为规则形成的系统，规则、信念、规范和组织只有在导致行为产生时，才作为制度要素构成一项制度的组成部分。在这里，我们所着重关注的是移植性制度，其最初的形式是正式规则的引进或模仿（与非正式约束相联系的规范、信念是无法移植的），根据制度产生行为的逻辑，移植的正式规则本身并不成其为制度，而只有当其与移植方的非正式约束互动后，并逐渐形成可以产生行为秩序的制度系统时，移植性的制度才算最终形成。为研究问题的简便起见，我们将这一从正式规则的移植到行为秩序产生的过程称为制度塑造。有学者曾从社会网络的角度，强调银行公会在金融制度创新中的积极作用。[①] 但银行公会对于制度创新是否只有积极作用呢，其起作用的动力机制是什么？本章通过案例研究的形式，来探讨天津银行公会在近代中国发行准备金制度创造过程中的表现，并进一步透视近代中国政府、商人组织[②]在制度塑造过程中的复杂而微妙的关系。

本章分为三节，第一节阐明1935年法币改革前，政府在移植的纸币发行准备政策执行方面的无所作为；第二节介绍商会从社会金融整体利益出发，通过检查准备金案，试图代替政府推进政策的执行，但由于银行公会不配合，并未达到预期的效果；第三节利用一个简单的博弈模型分析银行公会行为的内在机理。通过本章的研究，我们将发现，在制度塑造过程中，政府与商人组织之间并非简单的"二分法"式的权力替代关系，二者之间似乎存

[①] 郑成林：《从双向桥梁到多边网络——上海银行公会与银行业（1918-1936）》，博士学位论文，华中师范大学，2003，第152~191页。
[②] 若非特别说明，本书涉及的商人组织主要指天津银行公会和天津总商会。

第五章 | 天津银行公会与金融制度塑造：检查准备金案

在某种界限，而强制力在这种界限的划分中起着决定性作用。在强制力缺失的前提下，作为行业共同利益代表者的行业组织并不总能有效地推进制度塑造，其在制度塑造过程中的作用最终取决于理性个体之间的博弈均衡。

第一节 弱政府背景下的政策执行

金属货币流通条件下的多发行制，是北洋军阀时期中国货币金融体制的一个显著特征。① 货币银行学的研究表明，在金属货币流通的前提下，纸币（兑换券）是贵金属货币的代表，其信用的维持在于公众对其可兑现的信心，而兑现端依赖于准备金充足。若准备金充足可靠，则纸币无异于现金；若准备金不足，就会造成纸币贬值、物价上涨，有时甚至会引发挤兑风潮。② 因此，相对完善的纸币发行准备制度③，就成为金属货币流通条件下纸币

---

① 以天津金融市场为例，法币改革前，天津具有纸币发行权的银行，除"中、中、交"三行外，还有中南等九家银行。参见《接收中南等九银行钞票及准备金办法》（1935年11月25日），天津市档案馆藏天津市各业同业公会档案，档案号：J0129-3-5023。这些银行的纸币发行权除由历届中央政府授予外，还有由地方政府授予的，即河北省银行（成立于1928年，其前身为直隶省银行）。

② 兑现对于纸币信用的重要性在近代天津的金融市场上表现得尤为明显，有时竟会因为拒绝假币兑现而引起纸币流通窒碍。例如，1933年1月24日，《卞白眉日记》中就有这样的记载："河北省银行发现五元假钞，拒绝兑付，各同业惊疑。银行公会开会，商量对策并约王佐才来一谈，嘱其设法，以免发生风潮，但市上河北省钞流通已生障碍。"参见中国人民政治协商会议天津市委员会文史资料委员会《卞白眉日记》第二卷，天津古籍出版社，2008，第211页。

③ 所谓的"纸币发行准备制度"是指"纸币发行人按照法律所规定的办法，用价值相等的货币或其他有价值的东西存放在发行机关内，以备持有人随时来兑"。历史上，按照准备标的的不同，曾出现过固定保证发行制、最高发行制、比例准备制等不同类型的准备制度。其中，比例准备制最先于1875年创始于德国，自实行以来就成为金属货币流通条件下最流行的准备制度，也是近代中国试图构建的准备制度。参见杨端六《货币与银行》，武汉大学出版社，2007，第32~36页。

111

稳定流通的必要条件。"纸币之流通全恃兑换以维信用，倘听其肆意发行，毫无准备，万一发生不测，市面恐慌，兑现者纷至沓来，危险殊难言状。查各国纸币条例，规定綦详，而于准备金尤为最严之监察，中国发行纸币，事属创图，万不可稍涉空虚，致失国家信用。"①

鉴于此，自晚清开始，历届政府对货币发行准备问题都非常重视，并以移植相关法规律令的形式，开始了货币发行准备制度的创造过程。早在1909年，由清政府度支部拟定的《通用银钱票暂行章程》中就对纸币发行准备问题做了相对严密的规定。②后来，经过1910年5月的《兑换纸币则例》③、1913年4月的《中国银行监理官服务章程》④和12月的《各省官银钱号监理官》⑤的补充，1915年10月12日，中华民国财政部公布了以"注重准备，用杜弊端"为宗旨的《取消纸币则例》⑥，再到1920年6月，财政部公布修正的《取缔纸币条例》。至此，纸币发行准备既包括了准备规则，"各银钱行号遵照本条例第三条发行之纸币，至少须有五成现款准备兑现，其余五成准以公债票及确实之商业证券作为保证准备⑦。其有特别情形，暂时未能依照前项

---

① 魏建猷:《中国近代货币史》，文海出版社，1985，第161页。
② 中国人民银行总行参事室金融史料组:《中国近代货币史资料》，中华书局，1964，第1075~1077页。
③ 中国人民银行总行参事室金融史料组:《中国近代货币史资料》，中华书局，1964，第1052~1053页。
④ 周葆銮:《中华银行史》，文海出版社，1985，第79页。
⑤ 周葆銮:《中华银行史》，文海出版社，1985，第12~14页。
⑥ 周葆銮:《中华银行史》，文海出版社，1985，第14~17页。
⑦ 1920年财政部公布修正的《取缔纸币条例》规定将现金准备的比例增至六成，其余得以政府发行的正式公债票作为保证准备，并一直沿用到法币改革。参见张秀莉《币信悖论：南京国民政府纸币发行准备政策研究》，上海远东出版社，2012，第4页。

第五章 | 天津银行公会与金融制度塑造：检查准备金案

规定者，须禀请财政部核办"，又规定了检查办法和惩戒条例，"发行纸币之银钱行号，应每月制成发行数目报告表，现款及保证准备报告表，详报财政部，或禀由该官厅转报财政部"；"发行纸币之银钱行号违反第五条之规定，并不遵照报告，或报告不实者，应科以五十元以上，五百元以下之罚金。违反第六条之规定，拒绝检查者，应科以一百元以上，一千元以下之罚金。"中华民国政府已建立起了相对完善的关于纸币发行准备的法规律令。南京国民政府成立后，继承了北洋政府时期关于纸币发行准备的政策，并一直沿用到1935年的法币改革。

　　经济学中有个通常的假设，即政府是暴力的垄断者，它可以通过公正的司法来维持市场秩序。这里就有一个问题，既然纸币发行准备问题对于金融市场的稳定如此重要，并且政府也制定了相对完善的法规律令，为什么政府不去强制执行。要理解这一点，我们就必须承认，在真实的历史中，政府并不总是那么强而有力。政府实际上是在两个相互交错的舞台运转，第一个是国际舞台，第二个是社会舞台。判断政府权力程度的标准在于，国际舞台背景下，政府能在多大程度上使公众遵循其所制定的法规律令，其政策能在多大程度上达到预期的效果。[①] 另外，若我们把政府看作一个理性人组成的集团，则追求集团最大化利益就会成为其第一位的目标。因此，政府的权力程度和理性选择就将成为影响政府执行这些法令的两个重要因素。前者关系到其强制执行法令的能力，后者则关系到其强制执行法令的激励。

---

① 〔美〕米格代尔：《社会中的国家：国家与社会如何相互改变与相互构成》，李杨等译，江苏人民出版社，2013，第60~97页。

113

北洋政府和南京国民政府在天津金融市场的权力相对较弱，它不仅受到各国租界政治的掣肘①，而且遭遇频繁的战争威胁。1918～1937年中日战争全面爆发的近20年间，天津始终笼罩在战争的阴影之下，不算小军阀之间的火并，比较大型的战争就有1920年的直皖战争、1922年的第一次直奉战争、1923年的第二次直奉战争、1926年开始的北伐战争、1930年的中原大战、1931年的"九·一八"事变。战争的背后是权力的更迭，一方面，频繁的战争意味着政府的可替代性增强，同时也意味着政府权力的削弱，即其政策强制执行力的削弱；另一方面，频繁的战争更意味着掠夺性的财政，为了使自己的统治地位稳固或进一步争得并扩大统治权，无论是中央政府，还是军阀控制下的地方政府都在参与一场关于财政资源的争夺。他们获得财政收入的来源除了传统税收，如关余、盐余和土地税外，还包括一些特殊的手段。这些特殊手段，除举借外债外，还包括发行国内公债和库券、要求银行垫款或向银行短期借款、操纵通货等。② 并且政府债券发行条例一般都规定：公债可以"随意买卖、抵押，其他公务上须交纳保证金时，得作为担保品"，并"得为银行之保证准备金"。③ 这样一来，近代天津纸币发行银行发生挤兑、停兑风潮的原因往往不在

---

① 不仅外商银行受到租界的庇护，而且连华商银行也多落户于租界。据统计，1936年天津共计有银行47家，其中，有46家行址设在租界。参见《天津市各银行行名地址清册》（1936年10月31日），天津市档案馆藏天津市社会局档案，档案号：J0025-3-000247-015。
② 〔美〕齐锡生：《中国的军阀政治（1916-1928）》，中国人民大学出版社，2010，第125～137页；来新夏：《北洋军阀对内搜刮的几种方式》，《史学月刊》1957年第3期，第8～11页。
③ 千家驹：《旧中国公债史资料（1894-1949年）》，中华书局，1984，第三七～二三二页。

第五章 | 天津银行公会与金融制度塑造：检查准备金案

于准备不足，而在于其发行准备中现金准备比例太低，而政府债券等有价证券比例太高。因此，可以说，政府掠夺性的财政正是其纸币发行准备相关法令不能推行的深层次原因。

既没有强制执行法令的能力，又缺乏强制执行法令的激励，虽然近代中国政府关于纸币发行准备问题在其正式条例或章程中也有所体现[1]，但在实际中，这些条例或章程对于天津的纸币发行银行来讲，只能是一纸空文。"津埠银行众多，发行钞票者类皆准备空虚，以故自直隶省银行倒闭之后，继之以丝茶、汇业、华威、农商、劝业等行，最近中南之风潮方度平息，乃蒙藏又已停兑，鄙人等皆系受害份子，每闻钞票挤兑有如魂魄惊飞，虽已倒闭者固皆有其倒闭之原因，然滥为发行，准备空虚，实为银行业普通之大病，往者不论，即如本埠最著名之某某大银行均号称资本五百万，实际尚未收足，乃其钞票发行数目，或与资本相等，或已超过资本原额，及一究其准备，其所谓信用素著者，现金不足三成，递降则不足二成者有之。"[2]

当然，历史上确有政府提出检查银行发行准备金的例子。例如，1927年9月15日，津海道公署致函天津银行公会检查各家银行的发行准备，但最终证明官方的这次行动只是为了获取向银行界借款的筹码。卞白眉9月17日的日记中这样写道："张影香来谈，谓张干青意在以二五附加税续借二百万元，以备省行自行

---

[1] 张秀莉：《币信悖论：南京国民政府纸币发行准备政策研究》，上海远东出版社，2012，第22~49页。
[2] 中国第二历史档案馆藏财政部档案，档案号：三(2)-168(1)；转引自张秀莉《币信悖论：南京国民政府纸币发行准备政策研究》，上海远东出版社，2012，第17页。

兑现之用，且对于检查准备一节，可设法疏解。余答以银行甚愿政府检验，似无事疏解。"① 最终也只是由各银行象征性的具报了事。

第二节 检查准备金案的经过

政治学中的"国家与社会"关系理论强调，政府与社会组织的关系实质是权力的分配关系，并符合如下"二分法"：国家强则社会弱，国家弱则社会强。当政府失灵时，社会组织就会积极行动来填补政府留下的权力空缺。鉴于切实进行发行准备对巩固钞票信用和稳定金融市场的重要性，当政府在政策执行中缺位时，"职司商界之中枢"的商人组织——商会行动起来，积极推进纸币发行准备制度的实施。于是，就有了20世纪20~30年代的检查准备金案。

所谓"检查准备金案"是指20世纪20~30年代，在缺乏政府权威强制的背景下，天津商会从金融市场稳定的商界整体利益出发，要求天津拥有纸币发行权的银行实行发行准备公开、定期检查，从而倒逼其严格按照政府制定的货币准备相关法规律令执行的一系列努力。由于当时天津的发行银行大多是天津银行公会的会员②，商会的行动必然与银行公会联系在一起。

---

① 中国人民政治协商会议天津市委员会文史资料委员会：《卞白眉日记》第一卷，天津古籍出版社，2008，第459页。
② 截至1923年底，天津拥有纸币发行权的华商银行有中国银行、中南银行、农商银行、边业银行、交通银行、劝业银行、保商银行、懋业银行、中国实业银行、热河兴业银行、察哈尔兴业银行、直省银行等12家。其中，除边业银行、热河兴业银行、察哈尔兴业银行3家银行外，其余皆为银行公会会员。

第五章 | 天津银行公会与金融制度塑造：检查准备金案

1922年，因受中法实业银行倒闭及中、交两行挤兑风潮的影响，天津市面震动，钞票信用大受打击。天津总商会从巩固钞票信用，维护市面金融全局稳定着眼，遂于1922年1月12日致函银行公会，其内容节略如下。

  查银行握财界之枢，操纵经济，百业所系。社会金融盈虚调剂，胥为利赖公益，所关国法，故加限制。……然银行之责大任巨，稍一不慎，牵动全市，影响所及，各处同受其累，最近如中法实业银行之倒闭及中交两行之挤兑可为殷鉴。敝会职司商界之中枢，夙夜未安，恒多警惕。今虽中交恢复，固系其筹划綦详，然终负未能预防之咎。是钞票之信用经此打击，则不能不求根本上解除忧虑，必须时求准备充足，以崇信用。故敝会再四筹议，拟对于发出兑换券各银行之准备，各依其条例随时报告敝会，然后由敝会推举董事检查公布于市；提高信用，解除疑惑，巩固金融，预防危险，实银行界最有利益之举，想以贵会之忠诚对世，当表赞同。关于此事之进行，拟先自我国银行入手办理，凡发出兑换券之银行，每年将库存准备金另行存储，报告到会，以便推举董事随时检查。①

这封信函主要表达了以下两层意思：第一，商会从社会金融整体利益着眼，认为准备充足对于维持钞票信用非常重要，是恢

---

① 《为库存准备金每月报告等事与天津银行公会来往公函》（1922年1月12日），天津市档案馆藏天津市商会档案：J0128-3-005420-001。

复钞票信用、巩固金融的根本途径；第二，为达到促使各行依法准备的目的，商会要求各行依其条例切实进行发行准备，随时报告，并由商会推举董事检查公布于市。

但是，天津银行公会的表现并没有那么积极，在上函发出的几天后，银行公会召开了会员会议，并拟复函搪塞曰："当经敝会开会讨论会商，贵会此项办法系为预防经济危险，巩固钞券信用起见，……敝会现正筹议办法，一俟议妥，即行奉达，先此函复，即希查照为荷。"①

由于久未函复，商会于3月30日再次函催："查此事关系钞券信用，准备金之检查公布，自应早日着手进行，事隔多日谅贵会必有成议，相应函询。"② 鉴于此，4月8日的银行公会会员会议议决，"于商会检查库存准备事，群谓宜由各行自酌托办。不能稍涉干预情形，俟拟复稿后，再征众议洽妥缮复"③，并明确"由本会有发行权之各银行会商办法"④。根据会议精神，银行公会在4月12日的复函中婉拒了商会的提议，并代表有发行权的会员行表明了立场："查此事迭经敝会开会讨论，佥以检查准备，本所以巩固钞券信用之法，宜由发行银行自酌情形邀请外界办理，以坚信实而安人心，前经议定由敝会选举精于检查之委员数

---

① 《一月二十一日会员会议》（1922年01月21日），天津市档案馆藏天津市各业同业公会档案，档案号：J0129-2-1015-003。
② 《为巩固钞券信用筹议办法等事致天津银行公会函》（1922年03月30日），天津市档案馆藏天津市商会档案，档案号：J0128-3-005420-002。
③ 中国人民政治协商会议天津市委员会文史资料委员会：《卞白眉日记》第一卷，天津古籍出版社，2008，第193页。
④ 《四月八日会员会议》（1922年04月08日），天津市档案馆藏天津市各业同业公会档案，档案号：J0129-2-1015-010。

第五章 | 天津银行公会与金融制度塑造：检查准备金案

人，嗣后遇有敝会在会有发行钞券权之银行自身认为有公布准备之必要，来会请求检查时即由该委员前往检查，并请贵会亦查照办理，选举检查委员数人，以便遇有发行银行前赴贵会请求检查时，会同敝会委员前往检查公布。"①

"除天津交通银行设立公库，业于去岁十月间逐月报由本会实行检查外，其余各行现均尚无表示，亦未接准贵会函复。"② 鉴于此，1923年5月，商会再次致函银行公会重申其原案，银行公会复函，仍坚持其上年所议。③ 对此，商会再次致函诘问曰："兹阅来函所开各节，似于敝会愿意未尽谅解，况发行钞票各行准备倘不充足，方筹掩盖之不暇，更何自身请求检查之有。且来函所谓自身认为必要者，究竟何时为必要。……或每月定期检查一次，或按期公布随时抽查之处，务望核议，从速办理。"④ 并于10月5日，直接致函各发行银行："中交两行钞票准备金额早经本会从事检察，屡经致函银行公会，其他各行亦拟一律办理，不期时以故推，未获实行。……当经提出常会公决，调查各行所出钞票数目，定期检查准备金额，分别开送到会，以便从事检察，俾昭核实而崇信用。"⑤

---

① 《为检查准备金派委员参加等事致天津总商会》（1922年4月12日），天津市档案馆藏天津市商会档案，档案号：J0128-3-005420-006。
② 天津市档案馆等：《天津商会档案汇编：1912—1928》，天津人民出版社，1992，第1087页。
③ 《为检查库存准备金等事与天津银行公会往来函》（1923年5月28日），天津市档案馆藏天津市商会档案，档案号：J0128-3-005420-011。
④ 《为每月定期检查准备金事致天津银行公会函》（1923年6月9日），天津市档案馆藏天津市商会档案，档案号：J0128-3-005420-013。
⑤ 天津市档案馆等：《天津商会档案汇编：1912—1928》，天津人民出版社，1992，第1088页。

由于未见到银行公会的复函，我们不敢断言其面对此诘问的态度。但从后来各发行银行的行为中我们可以看到，商会提出的关于发行准备公开的措施从未实施过。需要指出的是，在商会向银行公会发出检查发行准备的倡议之后，有两家银行（交通银行与中国银行）确实先后实行了准备公开，但基本可以断定的是，它们采取行动并不是为了响应商会号召，而是因为1921年中、交两行发生挤兑风潮以后，中、交钞票信用极度受损，为昭示其钞票发行准备充足，恢复钞票信用，它们"自身认为有公布准备之必要"，需要通过公开发行准备来昭示钞票信用。先是中国银行邀请官商各界和商会代表检查其所有库存现金及有价证券，并自1921年12月1日起每月将发行报告登报公布一次；接着，交通银行也于1922年10月1日起实行了与中国银行同样的做法。[①] 但需要指出的是，后来二者在实际中推行的准备公开，只是定期象征性地登报公布其准备情况，而并未完全照商会所提出的那样，各银行"各依其条例随时报告敝会，然后由敝会推举董事检查公布于市"。除中、交两行外，直隶省银行也曾向商会表示要按交通银行的办法公开发行准备[②]，但直到其倒闭也从未实行过，而只是象征性地自行公布了其1923年6月份的发行准备情形[③]。中南银行也复函曰："……贵会及银行公会均可随时到库检

[①] 《关于交行请求检查准备金事函》（1922年10月3日），天津市档案馆藏天津市各业同业公会档案，档案号：J0129-3-5375-024。
[②] 《直隶省银行为检查准备事复天津银行公会函》（1923年7月9日），天津市档案馆藏天津市各业同业公会档案，档案号：J0129-3-005438。
[③] 龚关：《1920年代中后期天津银行挤兑风潮》，《历史教学》（高校版）2007年第6期，第46~49页。

第五章 | 天津银行公会与金融制度塑造：检查准备金案

察，……其他各界持有贵会及银行公会介绍公函愿到该会检查者亦可随时检查"，只是要求"彼此无拘定期，免生疑惑"。① 其余各发行银行则都未对商会的提议进行直接回应，公会的议决案代表了他们的意思，即他们"自身认为没有公布之必要"。

虽然如此，每逢挤兑风潮，商会还是不忘提醒发行银行切实进行发行准备，但各银行依然各行其是。例如，1928 年，天津丝茶银行钞票停兑，商会即致函银行公会曰："当经提出评议会讨论，佥谓银行发行钞票，依法应有六成现款，四成有价证券为准备金，并应随时公开，以昭信用。该行钞票既已演成停兑，则其平日基金并未依法准备，实属无可讳言。……并一面函达银行公会，对于发行钞票各行务应依法准备基金，以免再蹈覆辙等情，一致可决，除分别呈请外，相应函达贵会，即希查照转知发行钞票各行务必依法准备基金，以免再蹈前辙。"② 1932 年初，中国实业银行发生挤兑风潮，商会再次主张检查各发行银行的准备情况，银行公会也并未赞同。卞白眉日记有如此记载："王晓岩（时任钱商公会会长兼天津市商会常务董事——笔者注）主张检查发行银行之准备，余表示中、交等行自欢迎办理，但其余之银行，是否能不因此发生问题。问题发生以后官厅及商会有无力量维持，此中利害，在目前时局似宜郑重。"③

---

① 黑广菊、夏秀丽：《中南银行档案史料选编》，天津人民出版社，2013，第 257~258 页。
② 《为丝茶银行钞票停兑事致天津银行公会函》（1928 年 8 月 2 日），天津市档案馆藏天津市商会档案，档案号：J0128-3-006176-004。
③ 中国人民政治协商会议天津市委员会文史资料委员会：《卞白眉日记》第二卷，天津古籍出版社，2008，第 174 页。

121

第三节　天津银行公会行为的内在机理

从对天津商会检查准备金案的叙述中，我们看到在弱政府的背景下，即政府权威缺失的前提下，商会从社会金融整体的稳定出发，试图代替政府推进纸币发行准备政策的施行，但并未取得预期的效果。在此过程中，银行公会扮演着一个很微妙的角色，作为华商银行行业共同利益的代表，它并未响应商会的号召。制度塑造过程起源于商会，而受挫于银行公会。难道是因为银行公会未认识到商会提议的好处？不是的。作为一个由新式银行家创立的组织，在这一点上是很清楚的。

1922年10月14日，银行公会会员会议记录里这样写道："准交通银行来函，嘱本会推举代表检查该行库存准备等因，并由潘君履园报告交行之不得不公开发行之原因有二：一因交行钞票发生风潮已非一次，于信用不无影响，非公开发行无以恢复社会之信用。此为交行本身计者一。又发行钞票银行非交行一家，市面每因一行发生挤兑风潮，使他行受连带关系，嗣后交行苟能因公开发行而恢复信用，不再生挤兑风潮，亦可使他行免受其累。此为社会金融计者二"。[①]

既然发行准备公开是"既为本身信用计，又为社会金融计"的好事，那么，为什么银行公会不和商会一起推进纸币发行准备公开，进而完成纸币发行准备制度的塑造？我们知道，银行公会

[①]《十月十四日会员会议议决录》(1922年10月14日)，天津市档案馆藏金城银行天津分行档案，档案号：J0211-1-0255。

是由一个一个理性的会员行联合而成，正如它们拥有共同利益一样，作为个体每个银行都有着自身的利益，而公会的最终行为决策则是由会员们共同决定的，因此，其决策过程就体现为理性会员行之间的博弈，而决策结果无非是这种博弈的均衡状态。鉴于此，我们可以通过一个简单的博弈模型来理解银行公会在商会检查准备金案的行为逻辑。

我们做出如下假定。

（1）由政府出面颁布一项制度，即颁布关于纸币发行准备的法规律令，但政府并不运用强制力推行，而是由个体银行理性选择其行为：执行或不执行。这个假定是显而易见的，它不过是本章第一节的简要表述。需要说明的是，在个体理性选择的过程中，我们并未考虑商会的影响力，原因在于，在第二节我们已经看到，商会对银行公会并没有丝毫的强制力。

（2）个体银行在发行准备方面是同质的，即都没有良好的准备。个体银行"都没有良好的准备"是一个很强的假定，在实际中，尽管不同的银行关于纸币的准备是有差异的，但在遭遇风潮时它们又是无差异的，因为无论准备有多充足，在公众眼里都是不充足的。这也是上文所述"市面每因一行发生挤兑风潮，使他行受连带关系"的原因。再者，由于近代中国实行的比例准备制度，一旦挤兑风潮起，即使准备再充足也难免不支。这一点从1916年和1921年中、交两次挤兑风潮以及1923年中南挤兑风潮可以看出来。

（3）每个有发行权的银行同时执行纸币发行准备相关法规律令的行为可以给银行带来的收益为 $q_0 + q_s - c_0$，其中，q_0 为发行银行遵守法令所带来的直接收益，如良好的声誉等；q_s为所有发行银行都遵守法令所带来的社会收益，如金融秩序的稳定等；c_0为发行银行遵守法令所需要付出的代价，如准备金确实的话，发行银行就没有更多的现金开展其他盈利业务等。在有不执行者的情况下，执行者的净收益为 $q_0 - c_0$，且有 $q_0 < c_0$，否则，都会选择执行法令；不执行者的收益为 q_n，且有 $q_n > q_0 + q_s - c_0$，这是由每个理性的银行对于执行法令后的预期收益决定的。在都选择不执行的情况下，发行银行可以通过宣称自己是守法的，并通过各种手段使得公众相信这一点，其净收益皆为 $\dfrac{q_0}{2}$，且有 $q_0 < 2c_0$，否则，都会选择公开发行准备。当然，显而易见的是，$q_0 + q_s - c_0 > \dfrac{q_0}{2}$，即每家银行都执行发行准备法令的总收益大于都不执行法令的总收益，这就是天津商会从金融市场总体利益出发要求发行银行遵循政府法令的原因。当然，从上述银行公会的会议记录看，银行公会也认识到了这一点，即发行准备公开是"既为本身信用计，又为社会金融计"。

由于假定各发行银行是同质的，我们可以选择任意两个银行 E 和 F 来构建博弈结构。若我们假定每个理性的博弈参与者都是在最大化收益的考量中选择自己的行为，那么，我们可得出如下命题：在假定（1）~（3）满足的条件下，各发行银行不遵守纸币发行准备相关的法规律令是占优策略，即（不执行，不执行）将是这一博弈的均衡状态（如表5-1）。

表 5-1　理性发行银行间的博弈矩阵

银行 E \ 银行 F	执行	不执行
执行	$q_0 + q_s - c_0$, $q_0 + q_s - c_0$	$q_0 - c_0$, q_0
不执行	q_0, $q_0 - c_0$	$\dfrac{q_0}{2}$, $\dfrac{q_0}{2}$

上述博弈模型抽象地再现了天津银行公会决策的内在机理，而其对于天津商会关于推进货币发行准备制度的暧昧态度无非是理性的发行银行之间进行博弈的均衡结果。需要指出的是，在这个模型里，我们并没有考虑非发行银行在这一决策中所扮演的角色，主要原因在于即使非发行银行大多也通过领券制度在货币发行中获取利益，或者准确地说，在货币发行准备问题上，他们是利益的共同体。我们也没有强调商会推进货币创造所起到的积极作用，事实上，商会的行为在一定程度上促使天津市场的发行银行更加重视纸币发行准备问题，公开发行准备成了昭示银行信用的重要手段。例如，1934年，华义银行华账房某职员经营的恩庆永银号倒闭，累及本行。为昭示信用起见，华义银行致函天津银行公会要求检查该行库存，并将检查情形公告。经银行公会开会议决，派一名会计师前往检查华义银行的准备情况，并函请天津银钱业合组公库派一助手协助检查。[①]

综上所述，在政府权威缺失的背景下，天津商会积极行动起来，推进制度的塑造过程，这一点是符合传统的国家—社会的关

[①] 《为华义银行请检查准备昭示信用函银钱业合组公库》(1934年11月5日)，天津市档案馆藏天津市各业同业公会档案，档案号：J0129-3-005363。

系模式的。但是，我们同时看到，由于缺乏相应的强制力，商会的行动并没有达到预期的效果。最终的制度均衡状态是理性的银行个体之间博弈形成的，并体现在银行公会的意志中。因此，在制度塑造过程中，政府与商人组织之间并非简单的"二分法"式权力替代关系，二者之间似乎存在某种界限，而强制力在这种界限的划分中起着决定性作用。在强制力缺失的前提下，作为行业共同利益代表者的行业组织并不总是能有效地推进制度塑造，其在制度塑造中的作用最终取决于理性个体之间的博弈均衡。在市场经济中，有效的制度是市场良性运行的保证。本章的研究正是从历史的角度，对于商会行业协会类社会组织在制度塑造中的作用进行了探讨，但愿历史的研究可以为当前的商会行业协会改革以及未来的健康发展提供一些有益的启示。

第六章
天津银行公会与货币信用维护：维持直隶省钞案

在第五章中，我们通过天津检查准备金案透视了天津银行公会、天津总商会与政府三者在货币发行准备制度塑造中复杂而微妙的关系。在政府权威缺失的背景下，天津总商会积极行动起来，推进制度的塑造过程，但是由于缺乏相应的强制力，商会的行动并没有达到预期的效果；最终的制度均衡陷入由银行公会内部理性发行银行之间博弈中形成的"囚徒困境"。货币发行准备制度方面的缺陷为货币信用的稳定埋下了隐患，是近代天津市场金融风潮频发的根本原因；而金融风潮的平息在实质上无非是货币信用的重新恢复。本章将以维持直隶省钞案为中心，来考察以银行公会、商会为代表的商人组织与政府各自在平息金融风潮、恢复货币信用中的不同作用以及在这一过程中所体现的商人组织（主要是天津银行公会与商会）间以及商人组织与政府间复杂的利益博弈。其中，第一节叙述直隶省银行挤兑风潮的历史；第二节分析商人组织与政府在维持省钞中的不同作用；第三节从博弈论的角度探讨维持直隶省钞失败的根本原因。

通过本章的研究，我们发现，维护直隶省钞信用、平息挤兑风潮是政府与商界的共同选择，符合双方利益，在实际中二者也表现出通力合作的一面，在维持直隶省钞中发挥了各自的不同作用。维持直隶省钞最终失败的原因并非仅仅政府的单方面违约，而是各方利益博弈的均衡状态和必然结果。

第一节 20 世纪 20 年代直隶省银行挤兑风潮

直隶省银行成立于宣统二年（1910年）九月，其前身为天津官银号（清光绪二十八年至宣统二年），总行设于天津，并在北京、保定、张家口、汉口等地设有分行。[①] 在性质上，直隶省银行属于地方官办银行，具有代理省金库、发行纸币的特权，与地方财政有着千丝万缕的联系，且受地方军阀的控制；每逢地方军政需款孔急、财政极度拮据之时，滥发纸币就成为弥补财政赤字的重要手段，而根本不顾所谓纸币发行准备的限制。但直隶省银行发行的纸币仍属兑换券性质，其信用维持的根本在于准备金充足，并可随时无限制兑现。在和平时期，因有省金库作为保证，省钞尚不至于发生困难；而每逢时局变动、战事骤起、财政紧张之时，其货币信用就会随之发生波动，引起挤兑风潮。[②]

建立伊始，直隶省银行发行的钞票并不多，且准备较充足，

[①] 周葆銮：《中华银行史》，文海出版社，1985。
[②] 申艳广、戴建兵：《直隶省银行挤兑风潮及其影响》，《江苏钱币》2011 年第 4 期，第 37~45 页。

并按清政府度支部要求逐年收回两成，到民国三年（1914年）已收回殆尽。[①] 但到1916年中交停兑之时，经商会之请求复行开发钞票，至1922年4月，其市面流通额120余万元，而现金准备却只有30万元。[②] 1922年4月中旬，第一次直奉战争（1922年4月29日~5月4日）[③] 的双方加紧备战，天津市面人心浮动，谣言四起，各发行银行均受影响。其中，直隶省银行因其官方背景，而且准备不足，纸币信用大受影响，连日遭遇挤兑，势难支持。于是，直隶省银行通过商会向银行公会各会员行押借现款，经4月15日、17日两次会员会议的磋商，各会员行决定向直隶省银行接济现款16万元，抵押品为三年公债20万元，利率为月息1分，期限为3个月。[④] 由于此时直隶省银行纸币发行量并不是很大，这次挤兑风潮经多方筹措很快得到平息。

但直隶省地方政府并未吸取这次挤兑风潮的教训，一直把发行省钞作为财政融资的重要手段，尤其是1926年北伐战争爆发后更是变本加厉，1927年6月，据省行报告省钞市面流通额已达560万元，截至同年11月19日，更达849万余元[⑤]，发行准备则因"时局不靖，库藏枯竭"[⑥] 而异常空虚。于是，省钞信用日坠，

[①] 周葆銮：《中华银行史》，文海出版社，1985。
[②] 中国人民政治协商会议天津市委员会文史资料委员会：《卜白眉日记》第一卷，天津古籍出版社，2008，第195页。
[③] 来新夏：《北洋时期的三次军阀战争》，《社会科学战线》，2008年第9期，第148~237页。
[④] 《四月十五日、十七日会员会议议决录》（1922年4月），天津市档案馆藏金城银行天津分行档案，档案号：J0211-1-0255。
[⑤] 天津市档案馆等：《天津商会档案汇编：1912-1928》，天津人民出版社，1992，第1158页。
[⑥] 天津市档案馆等：《天津商会档案汇编：1912-1928》，天津人民出版社，1992，第1099页。

1925年12月已有商民拒用或折扣使用，1926年5月后更是屡遭挤兑[①]；加之北伐战争的影响，市面谣言繁兴，人心惶惶，直隶省银行挤兑风潮愈演愈烈。

第二节　政府与商人组织共同维持省钞

根据已公开的档案史料我们可以知道，维持省钞是政府与商界的共同选择，原因在于恢复省钞信用是二者的共同利益之所在。一方面，对于地方军阀政府而言，"……省行为全省最高金融机关，又兼代办金库之责，全省公款出纳无一不由省行通过"[②]，与其财政密切相关，省钞信用的波动，将直接使发行钞票这种财政赤字融资手段丧失效力；更深层次地讲，省钞发行以省库为保证，与政府信用直接相关，省钞信用最终关系到地方军阀统治的合法性及稳定性。因此，"公家无论如何困难，万无坐视此兼代省库之银行，听其疲敝不为尽力维护之理，即万无坐视省行所发之钞票，听其堕落不为设法整顿之理"。[③] 另一方面，对于银行公会、商会等商人组织而言，省钞的挤兑与折扣影响市面金融稳定，扰乱市场秩序，会给一般的市场交易带来不便，致使一般商民及银行等金融机构遭受直接的经济损失，表6-1所列为天津各银行所存省钞数目统计。因此，"维持省钞即是维护我商埠

---

① 龚关：《1920年代中后期天津银行挤兑风潮》，《历史教学》（高校版）2007年第6期，第46~49页。
② 《维持省钞专案》（1927），天津市档案馆藏天津市各业同业公会档案，档案号：J0129-3-5461。
③ 《维持省钞专案》（1927），天津市档案馆藏天津市各业同业公会档案，档案号：J0129-3-5461。

及维护我身家也"。①

表6-1 天津各银行所存省钞数目统计

行名	积存省钞数目（元）	备注
中国银行	16917	1927年7月6日函报
交通银行	9750	1927年7月5日函报
盐业银行	197748	此系1927年7月7日函报数目，内中有财政厅借款押品52500元，省银行押款140000元，自存5248元。9月7日总数变更为296456元，11月12日又变更为279300元
金城银行	119829	1927年7月6日函报，内中有押品50000元。11月9日，总数变更为114842元，其中押品为80000元；11月10日为109514元，押品为30000元；11月16日为130803元，押品为50000元；11月24日为131845元，押品为50000元；11月30日为133701元，押品为50000元
大陆银行	80000	此数目系1927年7月5日函报，内中有财政厅借款押品52500元；到9月7日总数变更为130000元
中南银行	57963	1927年7月8日函报，内中有财政厅借款押品52500元；到10月12日变更为40541元；11月8日为53125元；11月15日为63125元；11月27日变更为50541元

① 天津市档案馆等：《天津商会档案汇编：1912-1928》，天津人民出版社，1992，第1093页。

续表

行名	积存省钞数目（元）	备注
浙江兴业银行	—	—
中国实业银行	283	1927年7月6日函报；10月12日为28389元
中华懋业银行	2586	1927年7月4日函报；11月13日变更为5000元；11月30日为55500元
中华汇业银行	20000	1927年11月15日函报
东莱银行	—	—
大生银行	297	1927年7月6日函报；11月12日为2352元；11月14日为3784元。
上海商业储蓄银行	500	1927年11月21日函报；11月26日为10945元
北洋保商银行	—	—
新华商业储蓄银行	65650	1927年10月17日函报
殖业银行	5950	1927年11月18日函报
聚兴诚银行	0	1927年7月6日函报
劝业银行	—	
中国丝茶银行	430	此数系1927年7月4日函报，一直到10月13日数目未变更
大成银行	203	1927年7月6日函报；10月15日为2396元；11月9日为2959元
道生银行	2310	1927年7月6日函报

续表

行名	积存省钞数目（元）	备注
北京商业银行	500	1927年10月11日函报
山东商业银行	1149	1927年7月4日函报
热河兴业银行	0	1927年7月4日函报
华威银行	数十	1927年7月6日函报
绥远丰业银行驻津办事处	0	1927年7月6日函报
天津兴业银行	0	1927年7月7日函报

资料来源：《维持省钞专案》（1927），天津市档案馆藏天津市各业同业公会档案，档案号：J0129-3-5461。

直隶省银行挤兑风潮发生的根本原因在于官欠太多致使准备金极度空虚，省钞无法充分兑现，"查省行空虚，一言蔽之，皆因官欠太多"[①]；只有筹足准备金，恢复自由兑现，才能恢复省钞信用，有效平息挤兑风潮。但初时地方政府并未认识到这一点，而是把挤兑风潮归因于奸商借谣诼而操纵渔利；"……直隶省银行代理金库，其发行之兑换券自应十足使用，一律通行。乃查近有奸商希图渔利，危词耸听，任意折扣，甚或拒绝行使，致令挤兑风潮时所不免"[②]；"推原其故，无非由一二奸商以为有隙可乘，藉此操纵渔利，无知之徒以耳为目，相率惊异"[③]。故政府把挤兑

---

① 天津市档案馆等：《天津商会档案汇编：1912-1928》，天津人民出版社，1992，第1135~1136页。
② 《天津银行公会致会员函》（1927年4月28日），天津市档案馆藏中国实业银行档案，档案号：J0202-1-0401。
③ 《天津总商会布告》（1927年5月29日），天津市档案馆藏天津市各业同业公会档案，档案号：J0129-3-5461。

风潮的平息寄希望于通过函请商人组织劝谕商民、发布政令，甚至暴力执法①等手段使得省钞照常行使。

1927年4月，直隶省公署致函银行公会，请其转知各银行对于省行钞票一律收受。"兹为巩固省行信用，维持本省金融起见，除分行并布告外，相应函请贵公会查照转知各银行，对于省行钞票一律收受，随时通用。银行家既流通无阻，各商家、钱号当然收受，自无阻碍之可言。贵公会素为物望所推，商民所仰，对于公家之事向能奋勉协助，此次省行钞票，尤应极力维持，勿存歧视，以安市面，是为至要。"② 5月，直隶省财政厅函请天津总商会发布布告，劝谕商民对于省钞与现金一律照常行使。"查直隶省银行钞票信用素著，准备向称充足，近年以来，虽因军事不免稍受影响。然该行既为直省金库，其钞票断无不能兑现之理，况省行为地方命脉，商民休戚相关。现在当局既经竭力整顿，而商民亦应共同维持。为此剀切布告，仰各商民等一体知悉，对于省钞票务须与现金一律照常行使，幸勿自蹈罪戾。"③

---

① 1927年2月23日，天津《大公报》记载道："直隶省会军警督察处拿获赴省银行挤兑钞票人犯张希同、卢永甫二名，于昨日枪毙之。"与之相应的布告中更是透着腾腾杀气，"日前经本处查获破坏金融要犯张希同卢永甫等二名，讯据供认此次收买纸币，到行挤兑，藉图厚礼等情不讳，值此戒严期内，军务吃紧之际，若不严行惩处，实不足以儆其余，当经呈奉总司令谕，着即依法枪决，以昭炯戒等因。奉此，除将该犯张希同卢永甫二名验明正身，绑缚刑场，执行枪决外，用特布告各色人等一体周知，此后倘有奸商再蹈覆辙，一经查获，即行就地正法，决不姑宽，其各凛遵勿违，切切，此布"。转引自申艳广《民国时期直隶省银行研究》，硕士学位论文，河北师范大学，2012，第46页。
② 《为转知省行钞票一律通用事致函各会员行》（1927年4月28日），档案号：J0202-1-0401。
③ 《天津总商会布告》（1927年5月29日），天津市档案馆藏天津市各业同业公会档案，档案号：J0129-3-005461。

为促进省钞的流通，直隶省长公署通令，自 1926 年 5 月 20 日起，津埠京奉、津浦各铁路局，此后客货车票一律专收直隶省钞票，其他各行钞票暂不收受，并以此训令天津总商会转知各商一体遵照。① 7 月 21 日，褚玉璞又以保安总司令的身份训令各机关："自嗣以后，凡机关收入之款，一律改用现洋及省票，其他之票概不收用，每日收入之款解交省银行兑收，以资维持而便流通。"② 7 月 29 日，直隶省财政厅发布告称："凡遇该行钞票，务须按照票面数目十足通用，所有私定折扣，立即一律取消，不得再有刁难低抑情事。倘仍阳奉阴违，故意低昂，希图牟利，一经查出，予从严处，决不故贷，各宜禀遵毋违；"并于 8 月 2 日由直隶省警察厅将褚玉璞关于各商民行使省钞不得折扣的命令函致商会转知各商一体遵照。③ 1927 年 8 月 22 日，褚玉璞再次发布地方正杂各税一概搭收省钞以维信用令，"……所有地方正杂赋税以及一切征收，凡属官家所设机关，概以省钞为限，不准搭配现洋及他行钞票；而省钞未能普及之县分，自应照旧缴纳现款，务因地制宜，通力合作，以坚信用而使流通，违者撤差并以破坏金融论罪"。④

政府很快认识到直隶省钞挤兑的真正原因，仅用上述手段并

---

① 天津市档案馆等：《天津商会档案汇编：1912-1928》，天津人民出版社，1992，第 1094~1095 页。
② 天津市档案馆等：《天津商会档案汇编：1912-1928》，天津人民出版社，1992，第 1096 页。
③ 天津市档案馆等：《天津商会档案汇编：1912-1928》，天津人民出版社，1992，第 1097 页。
④ 天津市档案馆等：《天津商会档案汇编：1912-1928》，天津人民出版社，1992，第 1103 页。

不能真正解决省钞信用问题。"查直隶省银行所出纸币,为数虽非甚巨,惟因时局不靖,库藏枯竭,商民兑现不能充分应付,遂使奸人操纵,发生挤兑,自非速筹妥善办法,不足以息风潮而维金融。"① "奸人操纵既不能完全杜绝,所有挤兑、折扣种种弊端均一时难以息止。"② 故1927年6月19日,褚玉璞以直隶省长公署与保安司令部的名义分别致函天津总商会、天津银行公会等,拟以新加芦盐产捐分存各大银行号为担保基金,"……按省行发行省钞实数,由津埠银钱商号、各行商号如数分摊借款,即指定各盐商直接交存指定银行,以银行收据赴运署交捐,以明大信。如此办法,则各商行银号咸知省钞准备确实,自能流通行使"。③ 此项产捐"……计每月可收二三十万元,即以此款分存各大银行号,永不动用,预计一二年间可积成巨数"④,并严谕直隶财政厅长李福源、长芦盐运使任师尚等与各商接洽,限一星期内妥筹办法具报⑤。

政府既然做如此表态,商界也开始为整理省钞积极筹划。1927年6月29日,为方便制定维持省钞办法,天津总商会开始着手调查各业所存省钞数目,"仰本埠各行商等一体知悉,务将各该业所存省银行钞票数目(以天津地名为限),克日报告该同

---

① 天津市档案馆等:《天津商会档案汇编:1912-1928》,天津人民出版社,1992,第1099页。
② 天津市档案馆等:《天津商会档案汇编:1912-1928》,天津人民出版社,1992,第1099页。
③ 天津市档案馆等:《天津商会档案汇编:1912-1928》,天津人民出版社,1992,第1099页。
④ 天津市档案馆等:《天津商会档案汇编:1912-1928》,天津人民出版社,1992,第1099页。
⑤ 《维持省钞专案》(1927),天津市档案馆藏天津市各业同业公会档案,档案号:J0129-3-5461。

第六章 | 天津银行公会与货币信用维护：维持直隶省钞案

业公会或研究所汇齐转报本会注册，其无公会各商应即直接报告本会，限一星期为止。务望从速办理，幸勿自误"。① 7 月 15 日，直隶省商联会拟定了关于维持省钞的治标治本办法十二条。其中治本办法的核心在于彻底清理省行账目，填补官欠，并着手增加商股，以固行基，"查省行空虚，一言蔽之，皆因官欠太多。……况现在军需孔急，官欠既有指定，亦不能即变现金，非添招商股，营业无由发展，信用无法恢复"②；而治标办法则是备足省钞兑换基金，由各公团组织的省钞维持会保管以昭示省行钞票信用。治本办法固然可以根本解决省钞信用问题，但若如此去做，无异于取消地方军阀的一项重要财政特权，这是他们不愿看到的。

治本行不通，只好治标，6 月 19 日褚玉璞提出的通过抵押贷款筹集现金，迅速恢复兑现即为治标之策，"……如即时筹集现金为兑现之举，固为上策。无乃商民困苦，交相穷促，受战事之影响，实自顾而无暇，已有遭逢至窘，遑恤战后之慨，更难言提现代兑所谓省钞。此情此景，早邀洞鉴，不得已乃有第二方策，即所谓担保流通之议"③；"既基金之准备，又各行之担保，人心免生悬恐，省钞易于流通也"④。后又经维持省钞委员会各公团多次会议磋商，并与政府达成妥协，1927 年 10 月 11 日，维持省钞

---

① 《维持省钞专案》（1927），天津市档案馆藏天津市各业同业公会档案，档案号：J0129-3-5461。
② 天津市档案馆等：《天津商会档案汇编：1912-1928》，天津人民出版社，1992，第1135~1136 页。
③ 《直隶省维持省钞筹备会呈，为呈报维持省钞情形恳乞鉴核施行事》（1927 年 7 月 20 日），天津市档案馆藏天津市各业同业公会档案，档案号：J0129-3-5461。
④ 天津市档案馆等：《天津商会档案汇编：1912-1928》，天津人民出版社，1992，第1137 页。

基金委员会直隶省议会、直隶商会联合会、直隶农会、天津总商会、银行公会、钱商公会、长芦盐纲公所七公团与省政府签订了《维持省钞基金委员会合同草约》(以下简称《草约》)①，并据此于10月26日、11月14日制定了《维持省钞基金委员会章程》(以下简称《章程》)②和《担保省钞流通公约》③。

根据《草约》和《章程》的相关规定，担保流通省钞的办法大致包括以下几个方面：第一，担保省钞流通数目及各方分担数目。"直隶省银行所发行之钞票五百六十万元，兹依照维持省钞基金委员会议决案呈奉直隶省长核定，以二百八十万元归天津全埠各行商担保流通，盖戳行使；以二百八十万元归各县担任，并由直隶各公团视察整理，以维市面金融。其各行商分任担保之数目由各行商自行立公约订定之，其各县应担之数由省政府负责筹集，一俟省政府筹足，即由委员会盖戳，一律行使。"第二，担保流通省钞的准备基金。"担保流通省钞，由省政府指定以增加芦盐产捐每包四元作为兑现准备基金"，"前项增加芦盐产捐系专为维持省钞基金之用，非俟收足五百六十万元与担保流通之钞额相等时，无论长芦盐务官商两方有无改革，以及中央、地方各项税捐、协饷等款有无增减，政府对于前项新加之产捐，应于始终维持原案，不得变更"。第三，担保流通手续及依据。"省政府公

---

① 《维持省钞基金委员会合同草约》(1927年10月11日)，天津市档案馆藏大陆银行总经理处档案：J0215-1-000709。
② 《维持省钞基金委员会章程》(1927年10月26日)，天津市档案馆藏天津市各业同业公会档案，档案号：J0129-3-5461。
③ 天津市档案馆等：《天津商会档案汇编：1912-1928》，天津人民出版社，1992，第1142~1146页。

第六章 | 天津银行公会与货币信用维护：维持直隶省钞案

布市面流通省钞以经委员会盖戳换发之新钞为限，此项新钞应与现洋一律行使。""盖戳省钞得缴纳本省田赋、税捐以及各交通机关应收之价款等类，应由省政府通令各县征收机关暨各交通机关一律照办。""各方面所认担保维持省钞之款，应照本会规定之存据格式书立存据若干纸交由本会保管。"

截至1927年11月22日，"关于各公团担保流通部分业经着手盖戳办竣，即行呈请，定期换发行使；关于省政府担任部分亦经筹定的款，函由敝会指定银行代收保管，并借备大宗现款交会收存在案……"①，并开始着手逐步将旧票换回。但就在维持省钞初见成效之际，直隶省公署却命令财政厅致电维持省钞基金委员会（此电日期为1927年11月28日——笔者按），将其于11月17日拨存的100万元提回，其理由为："……近来省钞日见跌落，迭经敦促该会悉力维持，而仍成效无睹。如其因循坐误，何若速将存款提出，自行整顿，以期省钞迅速恢复原状而资维持金融。"②并于1927年12月5日突然宣布停止兑现省钞，12月6日褚玉璞发布省内各征收机关一律征收现洋的命令，否定了《草约》第十一条的规定："凡应付本省官厅及省银行之一切款项，无论省钞流通如何情形，均得以省钞支付。"③ 至此，直隶省地方

---

① 《维持省钞专案》（1927年11月22日），天津市档案馆藏天津市各业同业公会档案，档案号：J0129-3-5461。
② 天津市档案馆等：《天津商会档案汇编：1912-1928》，天津人民出版社，1992，第1115~1116页。
③ 其实，早在1927年11月16日，鉴于"省钞价格跌落如常，终未能恢复原状"，全省各征收机关"……所搭解之省钞虽不敢谓尽非原征，而到省后设法换掉，暗中搭配者，实居多数"，为杜绝这种弊端，褚玉璞命令天津以外各征收机关一律征收现洋。天津市档案馆等：《天津商会档案汇编：1912-1928》，天津人民出版社，1992，第1113页、第1118~1119页。

政府已在实际上放弃维持省钞，维持省钞基金委员会也再无存在之必要，各商人团体为维持省钞信用、平息挤兑风潮而付出的种种努力，也随之付诸东流。

第三节　维持省钞失败的原因

在第二节的历史叙述中，维护省钞信用、平息挤兑风潮是政府与商界的共同选择，符合双方利益，在实际中二者也表现出通力合作的一面，在维持省钞中发挥了各自的不同作用。但最终的结果却是维持省钞的失败，其失败的原因究竟是什么？表面上看是政府的单方面违约，但这是唯一的原因吗？要回答这一点，我们就必须透过历史的表象，去解读这一事件背后掩盖的参与维持省钞各组织（主要是银行公会、商会与政府）间复杂的、动态的利益博弈。[①]

1. 商界与政府间的利益博弈

商会和银行公会同为商人组织，在面对政府时具有利益的一致性。在维持省钞的过程中它们为了整个商界的利益一致行动，以维持省钞委员会为舞台与政府展开了激烈的博弈，其博弈的焦点集中在维持省钞的方式、担保省钞流通基金和担保省钞流通数目等问题。

[①] 参与维持省钞各个组织，无论是商人组织，还是政府都是一个集团利益的代表者。例如，天津银行公会代表了各会员行的利益，商会代表了其所属众商的利益，政府代表某个统治集团的利益。为了分析问题的简便起见，在这里我们将它们都看作理性的组织，其行为以追求所代表的集团利益最大化为目的。但组织是由理性的个体组成的，有时为了更深刻地理解组织的行为，我们会不可避免地涉及其所代表的集团中个体行为的分析。

第六章 | 天津银行公会与货币信用维护：维持直隶省钞案

第一，维持省钞的方式问题。关于这个问题，政府倾向于筹集现款，迅速恢复兑现，并于1927年6月19日提出以新加盐捐为担保基金向各行商借款的方案；而商界却倾向于担保流通："虽蒙定案，以芦盐产捐及本年下忙地丁为省钞兑现之基金，然征款尚须年月，收入绝非一时，故责成在此基金未达成数之前，设法兑现，使之流通。反复筹商，几经揣想，如即时筹集现金为兑现之举，固为上策。无乃商民困苦，交相穷促，受战事之影响，实自顾而无暇，已有遭逢至窘，遑恤战后之慨，更难言提现代兑所谓省钞。此情此景，早邀洞鉴，不得已乃有第二方策，即所谓担保流通之议。在前项芦盐产捐以及本年下忙地丁征集未达基金成数之前，拟藉全省资产家之信用而为虚位之担保，一方省行照旧兑现，一方因担保而使之流通，以待基金征足，再为充分兑现。"①

商界担保省钞流通的依据为其开具存据交由维持省钞基金委员会保管，"各方面所认担保维持省钞之款，应照本会规定之存据格式书立存据若干纸交由本会保管"；"前项存据之款遇必要时，本会得酌量情形分别提取"。②"至各行商所认担保之款仍存各该户，并不交与任何机关，亦不能由任何机关提取，系专备将来万一省钞不能行使时，分担损失之用。此项担保之款应由各该户书立存据交由各该业公会或总商会送交维持省钞基金委员会保管。"③ 例如，天

---

① 《直隶省维持省钞筹备会呈，为呈报维持省钞情形恳乞鉴核施行事》（1927年7月20日），天津市档案馆藏天津市各业同业公会档案，档案号：J0129-3-5461。
② 《维持省钞专案》（1927年），天津市档案馆藏天津市各业同业公会档案，档案号：J0129-3-5461。
③ 《天津银行公会担保流通省钞一百四十万之案》（1927），天津市档案馆藏大陆银行总经理处档案，档案号：J0215-1-0709。

津银行公会所担保流通之140万元款项,就是由担款各行分别开具以"天津银行公会"为抬头的存据或存折,并公会开具的总存据一纸交由维持省钞基金委员会保管。① 每张存据或存折上皆加盖"此款专为担保省钞流通之用,非经银行公会董事长签字盖章不能提取"字样之戳记。② 需要指出的是,为担保省钞流通,直隶省财政厅曾以二五附税及奢侈品税向银行公会各银行押款100万元存入维持省钞基金委员会,其存入的仍系各银行所立存据,"……此项借款除各行担任数目较为零星者,系由敝公会委托中行代收代存外,其余数目较大者,如交通及四行当时均曾声明各该行所借之款在未动用时仍在各该行存储"。③

第二,担保省钞流通基金问题。关于这个问题,商界希望担保基金确实可靠,政府则希望担保基金尽可能少,以缓解其财政压力。1927年8月2日,维持省钞委员会拟定的《担保省钞流通草案》第二条明确规定:"此项担保流通省钞,由省政府指定以新加芦盐产捐每包四元作为准备基金,设有不足再由省政府通令各县加征亩捐以为第二担保之基金。"④ 8月27日,维持省钞基金委员会公推天津银行公会董事长卞白眉拟定维持省钞流通办法,

---

① 《维持省钞专案》(1927年),天津市档案馆藏天津市各业同业公会档案,档案号:J0129-3-5461。
② 天津市档案馆藏中国实业银行天津分行档案,档案号:J0202-1-0401。
③ 《为财政厅向各行订借款事致维持省钞基金委员会理事部函》(1927年11月18日),天津市档案馆藏天津市商会档案,档案号:J0128-3-006086-002;《直隶财政厅申明省钞维持会毫无成效请将省府担任之一百万元提回及复函》,参见天津市档案馆等《天津商会档案汇编:1912-1928》,天津人民出版社,1992,第1115~1116页。
④ 天津市档案馆藏中国实业银行天津分行档案,档案号:J0202-1-0401。

内中亦有同样的条文。① 在各行与省政府磋商妥协后，于9月7日将担保基金项改为"此项担保流通省钞由省政府指定以新芦盐产捐每包四元作为准备基金"②，并在10月11日签订的《维持省钞基金委员会合同草约》第二条中予以明确。按政府所言新加芦盐产捐每月可收20万～30万元，若果真如此则基金确属可靠，但实际并非如此。据长芦盐运使通告，自1927年6月1日新加盐捐起征，截至10月31日，共计收入337396.6元，其中期票255804.6元，现金才81592元。③

除此之外，政府与商界还在担保基金的缴存方案上讨价还价。由代表商界利益的维持省钞基金委员会制定的《担保流通省钞合同草案》第四条规定缴存方案为："前项新加之芦盐产捐，由委员会指定银行为收款之机关，各盐商应领之运照随时报明芦纲公所转报委员会注册，按此注册之数目，芦纲公所负责督促各盐商按包直接交付收款之银行掣取收据，其交付之时期以芦纲公所呈请之原案为准。"④ 1927年9月18日，直隶省财政厅、盐运使等奉省署令开会研究上述合同草案，将前项方案修改为："前项新加之芦盐产捐，由委员会指定银行为收款之机关，盐商于运盐出坨之日，将应交捐款按包算定，开具两

---

① 《维持省钞专案》（1927），天津市档案馆藏天津市各业同业公会档案，档案号：J0129-3-5461。
② 《维持省钞专案》（1927），天津市档案馆藏天津市各业同业公会档案，档案号：J0129-3-5461。
③ 天津市档案馆等：《天津商会档案汇编：1912-1928》，天津人民出版社，1992，第1108~1111页。
④ 《维持省钞专案》（1927），天津市档案馆藏天津市各业同业公会档案，档案号：J0129-3-5461。

个半月期条交由指定银行收存,到期兑现,另由运署令知所属各坨务委员,于填报生盐出坨数目、日期表时,每份分填三张,由运署转送委员会暨指定收款之银行,以资考查。"① 并在 10 月 11 日签订的《维持省钞基金委员会合同草约》第四条中予以明确。前后虽都指定银行为基金收存机关,但前者是直接交款给银行,后者则是向银行交期条,转手之间已陷商界于不利境地。卞白眉在其 9 月 27 日的日记中有这样的评论:"闻政府对于担保流通之合同,将押品保障之处颇多更易,将来必为争执之点也。"②

所幸的是,《维持省钞基金委员会合同草约》中有以下有利于商界的条款加以弥补:"各行商担保省钞流通,视基金能否履行原议为主。倘基金收入中途或有停顿,则维持效力等于丧失,各行商收受省钞之责任,即不能不随之解除,设因此省钞流通发生障碍,各行商不负责任。"③《维持省钞基金委员会章程》中也规定:"前项基金动用时须经委员会之议决,出具公函始得向银行提取,此外无论任何方面概不能动用。"

第三,担保省钞流通数目问题。根据省银行当局的报告,1927 年 6 月省钞在外流通数共计 560 万元;7 月 30 日,"维持省钞委员会在天津银行公会开会,议决大体方针如下:津市只能担

---

① 天津市档案馆等:《天津商会档案汇编:1912-1928》,天津人民出版社,1992,第 1104~1108 页。
② 中国人民政治协商会议天津市委员会文史资料委员会:《卞白眉日记》第一卷,天津古籍出版社,2008,第 459 页。
③ 《天津银行公会担保流通省钞一百四十万之案》(1927),天津市档案馆藏大陆银行总经理处档案,档案号:J0215-1-0709。

第六章 | 天津银行公会与货币信用维护：维持直隶省钞案

任流通省钞二百万元，余二百万元俟第一批盐斤加价收足后再办，或将其余二百万令各县分担，以增加之钱粮作抵"①；即津埠总额仅为 400 万元。但这一商界的决议并未获得政府的同意，9 月 5 日，"省署开会商定以二百八十万省钞由津埠商行担保流通，商会开会亦复如此通过"②，总额仍为 560 万元，在政府修改后的《担保流通省钞合同草案》中说明③，并在 10 月 11 日商界与政府签订的《草约》中予以明确。

由于时值北伐战争，直隶省军阀当局军费猛涨，各机关竞相向省行支取省钞存款，省钞流通数目随之增加。根据直隶省银行总办的呈请，截至 1927 年 10 月底，省钞流通数目已达 840 余万元。鉴于此，直隶省长公署于 11 月 9 日训令维持省钞基金委员会："除业经规定之五百六十万元仍照原议办理外，其溢出之数应准以二五附税并奢侈品税、特别区官产作基金，连同五百六十万一并整理。"④ 笔者并未看到商界对此命令的相关反应，维持省钞数目仍以 560 万元为限。

2. 商人组织间及其内部的利益博弈

在上节叙述中，我们看到各商人组织为了整个商界的利益一致行动，在维持省钞的方式及其维持省钞基金等问题上与政

---

① 中国人民政治协商会议天津市委员会文史资料委员会：《卞白眉日记》第一卷，天津古籍出版社，2008，第 452 页。
② 中国人民政治协商会议天津市委员会文史资料委员会：《卞白眉日记》第一卷，天津古籍出版社，2008，第 456 页。
③ 《褚玉璞命速按合同办法兑换省钞令并附担保流通省钞合同稿》（1927 年 10 月 4 日），载于天津市档案馆等《天津商会档案汇编：1912-1928》，天津人民出版社，1992，第 1104~1108。
④ 天津市档案馆等：《天津商会档案汇编：1912-1928》，天津人民出版社，1992，第 1104~1108 页。

府展开激烈的博弈。但每个商人组织都是由一些理性的个体构成、以共同利益为基础的联合体，都代表其所属的理性个体的共同利益。例如，天津银行公会代表了各会员银行的利益，商会代表了其所属众商的利益。各商人组织在其所代表的集团利益最大化的驱使下，相互之间展开了复杂的博弈。另外，商人组织内部的每个理性个体除了拥有共同的利益外，还存在各自不同的个体利益，它们相互之间的博弈也在所难免。二者博弈的焦点均为担保流通省钞责任的负担，具体表现为担保流通数额的分配。

我们首先来说各商人组织间的博弈。商会从货币流通的角度，将省钞流通困难的责任全部归于银行，认为只要银行方面十足收受，则省钞自能畅通无阻，故其意在维持省钞责任全由银行担负。[①] 但在实际中，省钞作为兑换券，其不能流通的根本原因在于兑现困难，各银行不收受省钞，自有不得已的苦衷。"不知银行对于同业钞票但能替代现金，随时可以应付存汇各款，亦何惮而不收受？况本埠各银行库中存有省钞者颇属不少，其经收税款之银行所存尤多，类皆坐耗利息，叠增损失，是各银行忍痛受亏已非一日。"[②]

1927年8月9日，维持省钞筹备会七公团开会，"商联会于担任数目一层几乎全不承认"，对此天津银行公会董事长卞白眉

[①] 中国人民政治协商会议天津市委员会文史资料委员会：《卞白眉日记》第一卷，天津古籍出版社，2008，第449页。
[②] 天津市档案馆等：《天津商会档案汇编：1912-1928》，天津人民出版社，1992，第1139~1140页。

有这样的评论："彼辈空言维持，不肯稍出实力，名曰维持金融，实扰乱金融之枢纽也。"① 8月23日的维持省钞筹备会上，"商会主张先筹三百万元，由银行设法二百万元、钱商设法一百万"。银行公会的态度可从《卞白眉日记》中窥见端倪："余告以少数虽不能不屈服于多数，无力者不能不屈服于有力者，但事实上将来发生困难，亦无裨于事，并表示视集款之多寡，酌办流通办法，允为用出面条陈。"② 经银行公会代表的据理力争，各方妥协的最终结果为天津全埠各行商共同维持直隶省银行钞票，担保流通，其总额以280万元为度。其中，天津银行公会担任一半，即140万元；另外140万元由天津总商会所属众商担任。③

各商人组织间的博弈确定了各自所分配担保流通责任，即担保流通数目。在具体的数目确定后，商人组织内部的理性个体为争取尽量减少本商人组织所担负责任的同盟关系，立即转化为彼此间关于这一数目的博弈。在天津银行公会担保省钞流通数目确定后，8月4日，会内外银行召开会议（有28家会内外银行到会），经表决一致赞成由银行界担任津埠所担任省钞流通数目280万元之一半，即140万元，并拟定了一份各行分任担保省钞数目清单。其中，中、交两行各担任25万元，北四行各担任15万元，浙江兴业等十三行共担任20万元，会外各银行担任10万元。④

---

① 中国人民政治协商会议天津市委员会文史资料委员会：《卞白眉日记》第一卷，天津古籍出版社，2008，第453页。
② 中国人民政治协商会议天津市委员会文史资料委员会：《卞白眉日记》第一卷，天津古籍出版社，2008，第455页。
③ 天津市档案馆等：《天津商会档案汇编：1912-1928》，天津人民出版社，1992，第1142~1146页。
④ 天津市档案馆藏中国实业银行天津分行档案，档案号：J0202-1-0401。

会后，天津银行公会分别于8月5日和8月18日两次函催各银行照数担负，会内银行在利益的驱使下分为两派，一派是中国银行、交通银行及盐业银行、金城银行、大陆银行、中南银行六行，一派是浙江兴业银行、中国实业银行、中孚银行、中华懋业银行、中华汇业银行、东莱银行、大生银行、上海商业储蓄银行、北洋保商银行、新华商业储蓄银行、殖业银行、聚兴诚银行、劝业银行实力较弱的十三行。十三行联合行动，将它们所应担负的20万元减少到15万元，并由其在十三行内自行分配[①]；而六行则由原来的110万元增加到122万元（见表6-2）。会外各银行除山西省银行、山东商业银行、中国垦业银行等担负数目较小的银行表示照数担负外，其余大多以种种借口将原分担数目打折扣，甚至还有银行对分担数目根本不予担负，要求银行公会收回成命；最后会外二十二行仅担任3万元（见表6-3）。

表6-2 担保省钞流通会内各银行担负数目清单

会内各银行	原分配数目（元）	最终担负数目（元）
中国银行	250000	440000
交通银行	250000	260000
盐业银行	150000	150000
金城银行	150000	150000
大陆银行	150000	110000
中南银行	150000	110000

---

① 《维持省钞专案》（1927年），天津市档案馆藏天津市各业同业公会档案，档案号：J0129-3-5461。

续表

会内各银行	原分配数目（元）	最终担负数目（元）
以上六行总计	1100000	1220000
浙江兴业银行	40000	17307
中国实业银行	20000	17307
中华懋业银行	20000	17307
中孚银行	20000	17307
中华汇业银行	20000	17313
东莱银行	20000	11538
上海商业储蓄银行	20000	11538
大生银行	20000	11538
新华商业储蓄银行	5000	5769
劝业银行	5000	5769
聚兴诚银行	5000	5769
北洋保商银行	5000	5769
殖业银行	5000	5769
十三行总计	200000	150000
会内银行总计	1300000	1370000

表6-3　担保省钞流通会外各银行担负数目清单

会外各银行	原分配数目（元）	最终担负数目（元）	折扣理由陈述
农商银行	10000	5000	商业凋敝，银根奇紧，遭协和公司倒闭之影响
道生银行	8000	4000	只因敝行局势本属狭小，又值金融停顿之时，遂致生意异常萧索，周转维艰

续表

会外各银行	原分配数目（元）	最终担负数目（元）	折扣理由陈述
大成银行	10000	3000	市面凋零，百业停顿，商民蒙受之损失何可胜计；公家需款，频与借募，担负日重，势将不支，凡我银行业务无不一落千丈。综如上述，敝行尤甚。盖敝汉行遭时局之打击，亏耗为数不赀
明华银行	4000	3000	—
华新银行	8000	3000	无奈敝行生意素未发展，又值协和倒闭市面金融紧迫之后，营业益感困难
天津兴业银行	8000	2000	敝行经此次金融剧变之后，影响曷可胜言，若再加摊巨款，实属力有未逮
工商银行天津汇兑处	1000	1000	—
中国垦业银行	1000	1000	
中国丝茶银行	2000	1000	因市面异常停滞业务极形萧条
大业银行	4000	1000	—
中国农工银行	5000	1000	—
山东商业银行	1000	1000	—
香港国民商业储蓄银行	1000	1000	
五族商业银行	4000	1000	营业范围狭小，实际薄弱

续表

会外各银行	原分配数目（元）	最终担负数目（元）	折扣理由陈述
山西省银行	1000	1000	—
农立银行	1000	500	查敝行开幕伊始，营业未臻发达
华威银行	5000	500	—
边业银行	10000	0	
山东省银行	10000	0	
大业银行	4000	0	营业异常萧条
蒙藏银行	1000	0	力有未逮，爱莫能助，务祈贵会查照，准将敝行免予加入
丰业银行	1000	0	因停业清理"既无维持之能力，犹无担任之价值。即请收回成命，无任感祷"
会外银行总计	100000	30000	—

资料来源：天津市档案馆相关档案（案卷号：J0129-3-5428、J0202-1-0401和 J0129-3-5461），其中，原分配数目是由天津银行公会邀集会内外各行，于 1927 年 8 月 4 日拟定的；最终担负数目是天津银行公会最终向省钞维持基金委员会缴存的存据或存折中显示的数目。

在第二节中，我们曾指出，直隶省银行挤兑风潮发生的根本原因在于官欠太多致使准备金极度空虚，省钞无法充分兑现；只有筹足准备金，恢复自由兑现，才能恢复省钞信用，有效平息挤兑风潮。但参与维持省钞的各组织为各自利益进行博弈的结果都不利于筹足准备金，恢复自由兑现，于是，维持省钞的失败就在所难免。

首先，担保流通不利于实现自由兑现，因为担保流通的依据并不是现金，而是存据，并且取款也有严格的程序。例如，天津银行公会规定："此款（担保流通款——笔者按）专为担保省钞流通之用，非经银行公会董事长签字盖章不能提取。"[1] 政府与商界都明白担保流通的危害，时任天津银行公会董事长卞白眉在其1927年10月8日的日记中这样写道："任望南[2]对于盖戳省钞无处兑现，颇怀疑虑。此银行界早虑及者，特商会不愿筹出现款，意在以担保流通四字含糊事半耳。闻褚氏有密电致军法课，谓各商于流通省钞如再阳奉阴违，即将各会长逮捕云云，可谓极其蛮横之至也。"[3]

其次，担保流通基金并不充足，这不但是由于政府要求减少担保基金项目，还由于省钞的溢价发行，而溢价发行的省钞并不在维持之列。

再次，各商人组织都倾向于争取减少其所代表集团所担负的担保省钞流通数额，由各方维持的省钞也并未完全落到实处。《草约》中所规定的担保流通省钞560万元，只有津埠280万元落到实处，其余外县所担负之一半则由政府敷衍100万元，共计380万元。

最后，直隶省政府之所以维持省钞信用，不仅是因为关乎地方金融安定，而且是因为发行省钞是其战时财政收入的一项重要来源。但当这种努力难见成效时，直接将维持省钞基金作

---

[1] 天津市档案馆藏中国实业银行天津分行档案，档案号：J0202-1-0401。
[2] 即任师尚，时任长芦盐运使。——笔者按
[3] 中国人民政治协商会议天津市委员会文史资料委员会：《卞白眉日记》第一卷，天津古籍出版社，2008，第461页。

第六章 | 天津银行公会与货币信用维护：维持直隶省钞案

为其可支配收入就成了更有利的选择，而维持省钞则显得毫无意义了。① 鉴于"……省钞日见跌落，迭经敦促该会悉力维持，而仍成效无睹。如其因循坐误，何若速将存款提出，自行整顿，以期省钞迅速恢复原状而资维持金融"②，直隶省政府要求将其担保的存款提回，并于1927年12月5日突然宣布停止兑现省钞。至此，商人组织与政府维持省钞的行动已在事实上归于失败。

对于商人组织而言，担保流通也只是为了免去垫付现金而行的敷衍之策，何况"直鲁渐趋败征，大有日暮途穷之势"，担保流通的后患显而易见。卞白眉曾这样评论维持省钞的过程："京津一带应付军阀亦苦痛万分。省钞初则限制兑现，津商继强维持，银行责任尤重。后维持会解散，省钞停兑，银行持有省钞者不无损失。但免去担保流通之患，亦云幸矣。"③

综上所述，由于利益的一致性，商人组织与政府一致行动、紧密合作，为维护直隶省钞、平息挤兑风潮付出了种种努力。同时，由于参与维持省钞的各组织代表了不同集团的利益，它们在维持省钞的过程中展开了激烈的博弈，而博弈的结果正是不利于恢复省钞信用的结果，于是，维持省钞的失败在所难免。若将此次维持省钞的失败与1921年的中交挤兑风潮的平息做一个比较，我们就将更加明确这一点。

---

① 龚关：《1920年代中后期天津银行挤兑风潮》，《历史教学》（高校版）2007年第6期，第46~49页。
② 天津市档案馆等：《天津商会档案汇编：1912-1928》，天津人民出版社，1992，第1115~1116页。
③ 中国人民政治协商会议天津市委员会文史资料委员会：《卞白眉日记》第一卷，天津古籍出版社，2008，第472页。

3. 直隶省钞挤兑风潮与 1921 年中交挤兑风潮的比较

首先，1921 年的中交挤兑风潮与直隶省钞挤兑风潮发生的根本原因是一致的，都是官欠太多，造成准备金不足，无法兑现。根据已有的研究，1921 年中交挤兑风潮发生的原因大致有三点。第一，北洋政府垫款。虽然有 1916 年中交挤兑风潮的教训，但北洋政府并未停止向中、交两行透支。1918 年，财政部欠中、交两行垫款 9300 万元有奇。尽管北洋政府为归还中、交两行欠款及补助两行准备金，于 1918 年 1 月 25 日、4 月 27 日分别发行短期六厘公债 4800 万元和长期六厘公债 4500 万元①，但直到 1920 年，财政部仍欠中国银行 3400 余万元。资本 500 万两的交通银行到 1921 年 12 月上旬，借与政府及代政府担保之款亦达 3400 余万元。② 第二，两行发行纸币的现金准备不充分。例如，1921 年，京津两地交通银行发行额达 1050 万元，而现金准备只有 40 万元。③ 第三，日、英等国为谋求共管中国财政的目的，在华盛顿会议上散布谣言，力图扰乱中国金融，造成社会恐慌。④ 但其中最根本的原因还是第一点，第二点只是第一点的结果，第三点则只是起到导火线的作用。时任天津银行公会董事长的卞白眉曾在其 1924 年 1 月 16 日的日记中这样写道："晚车回津。车中值林熙生，谈及民十交行发生困难

---

① 王方中：《中国经济史编年记事：1842－1949 年》，中国人民大学出版社，2009，第 286~287 页。
② 王方中：《中国经济史编年记事：1842－1949 年》，中国人民大学出版社，2009，第 320 页。
③ 杜恂诚：《中国金融通史》（第三卷：北洋政府时期），中国金融出版社，1996，第 125 页。
④ 马建标：《谣言与金融危机：以 1921 年中交挤兑为中心》，《史林》2010 年第 1 期，第 27~41 页。

第六章 | 天津银行公会与货币信用维护：维持直隶省钞案

之原由……民十风潮前，彼有同业存五百万，发行六百万，有现款一千万备抵，因骤为财部垫款四百万，遂不支。"①

其次，在两次挤兑风潮中政府和商界都有着共同的利益，体现了通力合作的一面。由于上文中我们已经对维持直隶省钞做过研究，这里着重讲1921年中交挤兑风潮中政府与商界的合作，至于商界我们主要以天津银行公会为研究对象。

作为基于行业共同利益的联合体，天津银行公会具有维护货币信用、救济金融恐慌之责，1918年制定的《天津银行公会试办章程》第二条明确规定："维护本埠通行纸币之信用"和"预防市面金融恐慌及救济"为其应办事项。② 在挤兑风潮发生后的第5天，也即1921年11月19日，天津银行公会召开会员会议，专门讨论救济市面金融事宜，会议的主要议决事项为："查银团本年十二月间有应放中交两行之关余七百余万，拟请由公会出名电请政府转商银团将该项关余提前放回，一面分饬海关及铁路邮政电报等局一律照收中交钞票。又海关路局收入均系交存汇丰，必须汇丰照收方能一律流通，此层亦应于电文内声请政府切实转商照办等因，当经议决赞同，即由中行拟稿拍发。"③ 这些事项都和政府直接相关，实质上是天津银行公会作为行业共同利益的代表者，明确了政府在平息这次挤兑风潮中所应尽的责任，或者说，是表达

---

① 中国人民政治协商会议天津市委员会文史资料委员会：《卞白眉日记》第一卷，天津古籍出版社，2008，第300页。
② 《天津银行公会试办章程》（1918年2月14日），新华信托储蓄商业银行天津分行档案，档案号：J0203-1-1071。
③ 《为讨论救济市面金融事问题会议记录》（1921年11月19日），天津市档案馆藏天津市各业同业公会档案，档案号：J0129-2-001009-024。

了银行界对政府在平息挤兑风潮时的行为期望,而这些都是除政府之外,包括银行公会在内的各种社会组织所无法做到的。

11月26日,天津银行公会再次召开会员会议,报告一周以来市面金融形势。此次会议主要指向银行业内部,主要内容有两点。第一,报告中、交两行筹措兑现情况,向会员各行表明两行有足够实力恢复完全兑现,增强银行界维护纸币信用的信心。"交行发行数天津方面约二百余万元,北京方面四百余万元,京津发行之券共七百万元,现统归津交行担任,闻已筹有现款二百万元,其余京交行所存之抵押品已运津,归津交行自由处分,按照票面计算可达千万元,是准备已确实有着,况交行与交部各机关维持收用,自不难照常流通。至中行方面发行总额除收回外,尚有三百七十万元,现在领券行应行补足之空额准备,已承各行维助分别以现金或津中券及其他中行债券物品补足,各处现款亦陆续运到,库存现金已有三百万元,俟下星期二现款调齐后当可足三百万元以上。此外,各种抵押品尚有数百万元,中行拟俟各处现款调齐,即行函请各界及外国会计师到行检查公布,届时应否即行恢复完全兑现,当视舆论为准衡。"第二,呼吁同业勿信谣言,相互提携,同舟相济,共渡难关。"现在中、交两行同处危局,他无足恃,所恃者惟在相互提携,藉同业之扶助以渡难关……现两行同处,端赖众力匡扶,互相维系,以资挽救,对于此等浮言,万不宜稍存芥蒂之心,致失同舟共济之旨。"① 实质上,这无非是天津银行公会作为行业共同利益的联合体,对各会

---

① 《为报告一周以来市面金融事问题的会议记录》(1921年11月26日),天津市档案馆藏天津市各业同业公会档案,档案号:J0129-2-001009-025。

第六章 | 天津银行公会与货币信用维护：维持直隶省钞案

员行在平息挤兑风潮、恢复货币信用中的要求或行为期望。

值得注意的是，在这两次会议上，政府并没有缺席。在第一次会议的列席来宾名单里，我们看到，参加这次会议的政府人员，既包括中央政府的国务总理，也包括地方行政官员，并且连会议的主席都是由国务总理来担任。在第二次会议的参加者名单里，直隶省财政厅长和警察厅长赫然在列。北京政府在这次挤兑风潮的平息中积极行动，为中、交两行货币信用的恢复发挥了重要的作用。北京政府维持中、交钞票的行动主要包括三点。第一，由交通部致电各路局照收中、交钞票，不得抑勒。第二，与外交团和总税务司安格联交涉，请其拨发关余，接济中、交两行。自11月16日北京政府向外交团发出照会，要求外交团通知安格联立即拨放关余起，虽然其间历经波折，但到11月28日安格联还是答应拨放400万元关余，这对两行最终恢复兑现无疑是一剂强心剂。第三，采取了一系列维持市面秩序的非常措施。其内容主要包括：新闻管制，严禁谣言传播；军事管制，强行维持市面秩序；利用各种媒体进行正面宣传，消除公众的恐慌心理等。[①] 除中央政府外，奉系军阀张作霖也通过奉天官银号和热河兴业银行向交行接济400万元[②]，此时他与直系军阀共同控制北京政府。天津总商会公推杜克臣与王筱舟拜见天津警察厅长杨以德与直隶省长曹锐，请求政府出面维持中交钞票。

虽然发生的根本原因一致，又都是政府与商界合作维持，但

---

① 马建标：《谣言与金融危机：以1921年中交挤兑为中心》，《史林》2010年第1期，第27~41页。
② 杜恂诚：《中国金融通史》（第三卷：北洋政府时期），中国金融出版社，1996，第126页。

其结果是迥异的。1921年11月15~16日两日，京、津两地交通银行、中国银行相继发生挤兑，至1922年1月7日，北京、天津、张家口三地交通银行同时恢复无限制兑现，在持续不到两个月后，中交挤兑风潮彻底平息。而直隶省银行的命运却是钞票停兑，最终倒闭改组为河北省银行。原因为何？我们知道，二者发生的根本原因都在于官欠太多，致使准备金极度空虚，而只有筹足准备金，恢复自由兑现，才能有效平息挤兑风潮。在第二节中，我们看到，参与维持省钞的各方为各自利益展开激烈的博弈，而博弈的结果都不利于准备金的筹措和自由兑现的恢复。再看1921年的挤兑风潮中，自始至终参与维持中、交钞票的各方都将恢复筹足准备金和恢复自由兑现作为目标。这也许是两次挤兑风潮中，政府与商界通力合作而结果却不同的原因之所在。当然，作为理性的组织行为方，政府与商界的行为都根植于其所处的社会政治经济环境中，1921年的政治经济环境与维持直隶省钞时是迥然不同的，因此，其博弈的结果自然也是不同的。

综上所述，维护省钞信用、平息挤兑风潮是政府与商界的共同选择，符合双方利益，在实际中二者也表现出通力合作的一面，在维持省钞中发挥了各自的不同作用。维持省钞最终失败的原因并非仅仅是政府的单方面违约，也是各方利益博弈的均衡状态和必然结果。在市场经济中，稳定的市场秩序是政府和商人组织的共同利益所在。本章的研究正是从历史的角度，对商会行业协会类商人组织和政府在稳定市场秩序、保持市场良性运行中的作用问题进行了探讨，但愿历史的研究可以为当前的商会行业协会改革以及未来的健康发展提供一些有益的启示。

结　语

　　自 1860 年开埠以后,天津始终处于中西两种文明碰撞交流的最前沿,并因其独特的历史地理禀赋逐步发展为近代中国北方的工商业中心和金融中心,由此为天津工商业同业组织的发展提供了深厚的土壤,形成了近代天津相对完善的同业公会体系。作为新式金融业——银行业的同业组织,天津银行公会在近代天津金融市场上起着举足轻重的作用,并和其他商人组织一道,在近代天津的社会经济生活中扮演着不可忽视的角色。本书对于 1918~1936 年天津银行公会的研究是对近代中国行业组织史研究范围和近代天津金融史研究领域的进一步拓展,同时也为理解近代天津社会经济生活和社会转型开启了一扇新窗口。

　　通过本书的研究,我们得出以下几点初步的结论。

　　第一,我们认为,天津银行公会是一种基于行业共同利益的银行联合体,它是在近代中国社会经济转型的背景下,天津银行业发展到一定程度,行业共同利益日益凸显的时候诞生的。从社会经济资源配置的角度看,它是一种中间型的社会经济治理机制；从构成它的理性成员的角度看，它是一种集体行动的制度建构，在会员间进行沟通和协调，促进会员以集体行动的力量维护行业的共同利益。

第二，若我们将天津银行公会看作一种向会员提供公共品或服务的有机系统或装置，则其制度演进的过程无非是通过不断完善公共品提供的决策机制，提高公共品提供的效率、数量和质量，以增加会员行的收益；通过各种手段加强成本核算和成本控制，以降低公共品或服务的提供成本；同时不断完善防止会员"搭便车"机制的过程。

第三，在近代中国政府信用欠佳的情况下，近代中国的政府借贷市场却始终存在。虽然新制度经济学的模型所揭示的结论并不适用于解释这一悖论，但促使我们去思考银行公会等商人组织在缓解政府承诺问题上的作用。通过对直隶省地方政府与天津银行公会各银行之间的一些借贷史实的分析，我们看到商人组织的存在确实有利于缓解政府承诺问题，直隶省地方政府借贷市场的持续存在无非是政府与这些商人组织为各自所代表的利益而不断博弈的结果。

第四，在政府权威缺失的背景下，天津商会积极行动起来，推进制度的塑造过程，这一点是符合传统的国家—社会的关系模式的。但是，我们同时看到，由于缺乏相应的强制力，商会的行动并没有达到预期的效果；最终的制度均衡状态是由理性的个体之间在博弈中形成的，并体现在银行公会的意志中。因此，在制度塑造过程中，政府与商人组织之间并非简单的"二分法"式权力替代关系，二者之间似乎存在某种界限，而强制力在这种界限的划分中起着决定性作用。在强制力缺失的前提下，作为行业共同利益代表者的行业组织并不总是能有效地推进制度塑造，其在制度塑造中的作用最终取决于理性个体之间的博弈均衡。

第五，维护省钞信用、平息挤兑风潮是政府与商界的共同选择，符合双方利益，在实际中二者也表现出通力合作的一面，在维持省钞中发挥了各自不同的作用。而维持省钞最终失败的原因并非仅仅是政府的单方面违约，还是各方利益博弈的必然结果。

在前人研究的基础上，本书研究的创新之处有三点。第一，本书在搜集和整理大量的第一手档案资料的基础上，一定程度上不仅弥补了天津银行公会研究薄弱的现状，而且是对天津金融史研究的进一步扩展。第二，本书以逻辑与历史相结合的方法，对天津银行公会诞生的历史背景、制度演进、业务活动等方面做了较深入的考察，初步回答了天津银行公会"是什么"的问题，揭示了天津银行公会存在与发展的内在逻辑。第三，本书以案例研究的方式，运用经典博弈论的方法探讨了天津银行公会在市场运行、制度塑造以及稳定市场秩序等方面的作用，研究结论对于行业协会、商会在市场经济中的正确定位及其与政府关系的处理方面具有较强的现实意义。

需要明确指出的是，本书的所有结论都是初步性的，因此也是不成熟的，需要在不断研究相关史料的基础上，做更进一步的修正和补充；并且这些结论都是建立在对1918~1936年的天津银行公会档案史料的初步研究上，而并未涉及1937~1952年天津银行公会的活动，至于将这段历史时期考虑进去之后，本文的结论是否还有效，若无效原因是什么，则是本人接下来要做的课题。除此之外，本文还至少存在以下三个需要进一步思考和探讨的问题：第一，对于政府、银行公会、银行、银行家四者之间的互动机制，需要进一步研究和探讨；第二，对于天津银行公会与上海、汉口等地银行公会的制度比较方面，需要进一步探讨；第三，对于当前中国行业协会、商会在市场经济中的正确定位及其与政府关系的处理方面应有更多的现实关怀。

当前中国"深化经济体制改革的核心是处理好政府与市场的关系"，并"让市场在资源配置中起决定性作用"。企业是重要的市场主体，作为一种基于行业共同利益的企业联合体，行业协会既是政府进行经济管理的社会组织，也在市场秩序的塑造和维护方面发挥不可或缺的作用。本文揭示的天津银行公会存在与发展的历史经验，可以在某种程度上为我们当前的行业协会改革实践提供一些有益的历史启示。

第一，每个行业在发展到一定阶段都会毫无疑问地产生行业的共同利益，这是行业协会创设的基础和前提。政府政策的支持和鼓励能有效地降低行业协会的创设成本，在某种程度上减轻由"搭便车"行为造成的行业协会难产问题，有利于解决行业协会"进得门"的问题。但行业协会产生以后，其努力方向必须符合行业协会制度演进的内在规律，与理性会员银行内在的基于"成本—收益"考量的利益最大化倾向相一致，并不断完善防止"搭便车"的制度，从而奠定行业协会持续存在与发展的微观基础。

第二,现代政府的一般职能包括弥补市场失灵以提高资源配置效率、缓解社会收入分配不公、维持经济社会稳定等,而要履行这些职能就必须通过支配一定的经济资源来实现。① 但在市场经济体制下,政府很少动用行政手段支配资源,而是作为市场主体,运用市场化的经济手段,在生产要素市场支配必须由政府支配的资源。因此,政府是市场经济中不可或缺的市场主体。② 与此同时,政府也是市场经济的管理者,"让市场在资源配置中起决定性作用"的关键就在于通过怎样的制度安排使政府在同一场比赛中既履行裁判员的职能,又做一个守规矩的运动员。第四章的研究告诉我们,作为一种集体行动的制度建构,商会、行业协会等商人组织的制衡作用似乎值得我们进行深入的思考。

第三,在市场经济中,作为经济管理者的政府与作为行业利益代表者的行业协会有着共同的利益,这些共同利益的维护需要良好的制度安排来维持,这就离不开制度创造。以往的研究多强调行业协会在制度创造中的积极作用,这一点是值得肯定的。与此同时,我们也必须看到由于行业利益的局限,有时行业协会也会阻碍制度创造的过程。在推进制度创造的过程中,权力域、强制力是两个重要的因素,制度创造的最终效率就是由这两个因素共同决定的。所谓的权力域是指权力所达到的可能地域范围,社会组织与政府只有在相对应的权力域内才是一种强弱的替代关

---

① 〔美〕维托·坦茨:《政府与市场:变革中的政府职能》,王宇等译,商务印书馆,2014。
② 钱津:《政府是市场不可或缺的主体》,《经济纵横》2014年第7期,第13~17页。

系。所谓强制力是指强制推行制度的能力，政府的强制力来源于其拥有的合法暴力，而商人组织的强制力则来自商人间的多边治理。在权力域和强制力一定的前提下，相关利益主体之间的博弈最终决定了制度塑造的效率。

附录 I
天津银行公会存在与发展的内在逻辑探析（1918-1936）[①]

近代中国的工商业同业公会脱胎于明清以来的行会、会馆或公所，最初零星地出现于鸦片战争后的中国各通商口岸，并伴随着口岸城市工商业的发展而不断扩展，到民国时期更是呈蓬勃之势，成为中国工商业组织从传统向现代转变的一个重要标志。[②] 在这些行业协会中间，银行公会作为一种新式金融业的同业公会，在近代中国金融界中扮演着举足轻重的角色，学界也对其倾注了不少精力，并积累了一些优秀的学术成果。[③] 但是，以往的

[①] 本文原载《中国社会经济史研究》2016年第4期。
[②] 朱英：《近代中国商会、行会及商团新论》，中国人民大学出版社，2008，第213~299页。
[③] 例如，白吉尔：《上海银行公会（1915-1927）：现代化与地方团体的组织制度》，《上海研究论丛》1989年第3辑；金承郁：《上海银行公会（1918-1927）》，《中国史研究》2002年第17辑；金承郁、王晶：《上海银行公会的利益选择》，《社会科学报》2002年09月12日；王晶：《上海银行公会研究（1927-1937）》，博士学位论文，复旦大学，2003；吴景平：《上海银行公会改组风波（1929-1931）》，《历史研究》2003年第2期；张天政：《上海银行公会研究（1937-1945）》，博（转下页注）

研究在内容上多偏重于从历史学、社会学等角度，对银行公会组织管理、网络建构、基本职能及其在国家现代化中的作用等方面的探讨，而鲜有从经济学的角度理解银行公会存在与发展的内在逻辑；从地域上看，由于资料所限，以往的研究大多集中于对上海、汉口、杭州等地银行公会的探讨，对天津这个有着完善的同业公会体系的近代中国北方的工商业中心和金融中心的银行公会却关注较少。① 鉴于此，我们将在学界研究的基础上，从制度需求与制度供给的角度对天津银行公会（1918-1936）存在与发展的内在逻辑问题进行初步的探讨，并在某种程度上为我们当前的行业协会改革实践提供一些有益的启示。

一 天津银行公会历史沿革

自 1918 年成立至 1952 年结束会务的 34 年里，天津银行公会始终秉持其"联络同业感情，维持公共利益，促进银行业之发达，矫正营业上之弊害"②的宗旨，在维护银行业共同利益、促进行业发展方面发挥着不可忽视的作用，在近代天津金融市场以及社会经济生活中扮演着不可或缺的角色。根据政府与银行公会的关系，我们可以粗略地将天津银行公会的发展划分为三个阶

（接上页注③）士学位论文，复旦大学，2004；郑成林：《1927-1936 年上海银行公会与国民政府关系述论》，《江苏社会科学》2005 年第 3 期；郑成林：《从双向桥梁到多边网络——上海银行公会与银行业（1918-1936）》，华中师范大学出版社，2007。

① 截至目前，对于天津银行公会的专题探讨仅有王子善对天津银行公会的历史演进及其作用的简明剖析，以及刘程对抗战时期天津银行公会相对深入的研究。参见王子善《天津银行同业公会的历史借鉴》，《天津金融月刊》1993 年第 7 期，第 42~44 页；刘程《抗战时期天津银行公会与日伪的金融统制》，硕士学位论文，宁夏大学，2013。

② 《天津银行公会办事细则》（1918 年 2 月 14 日），天津市档案馆藏中国实业银行天津分行档案，档案号：J0202-1-0396。

附录 I | 天津银行公会存在与发展的内在逻辑探析（1918-1936）

段：第一阶段从天津银行公会成立到日军占领天津前。这一阶段政府对于银行公会的运行只限于正常的监督和管理。根据北京政府财政部于1915年颁布的《银行公会章程》，天津银行公会于1918年2月由中国银行、交通银行等9家银行发起创立，并分别呈请直隶省公署、警察厅及实业厅等政府部门备案。成立当年，公会会员就达12家，至1927年会员达21家，基本全部囊括了比较重要的在津华商银行，除中交两行外，当时中国最著名的商办银行"北四行"（盐业银行、金城银行、大陆银行和中南银行四行）和"南三行"（浙江兴业银行、浙江实业银行和上海商业储蓄银行三行，其中，浙江实业银行不是会员）的总行或分行基本都在会员之列。① 1931年3月，天津银行公会遵照南京国民政府财政部颁布的《工商业同业工会法》改组为天津市银行业同业公会，分别在国民政府实业部和财政部备案，并受天津社会局直接监管。由于受时局影响，公会会员曾一度减少到15家②，其后又逐渐恢复到1936年的21家，而此时天津华商银行数才共计26家③。第二阶段是日军占领天津到抗战胜利。1937年7月日军占领天津，其后银行公会进入非正常的发展轨道逐步沦为日军控制天津金融的工具。④ 第三阶段是抗日战争胜利后到社会主义工

---

① 《天津银行公会通知单》，天津市档案馆藏天津市各业同业公会档案，档案号：J0129-2-1599。
② 《天津银行公会通知单》，天津市档案馆藏天津市各业同业公会档案，档案号：J0129-3-5313。
③ 《天津市银行业同业公会会员名称表和非会员名称表》，天津市档案馆藏天津市各业同业公会档案，档案号：J0129-3-5416。
④ 刘程：《抗战时期天津银行公会与日伪的金融统制》，硕士学位论文，宁夏大学，2013。

商业改造。抗日战争后，更名为天津市银行商业同业公会，一直到天津解放。1951年3月，天津银钱两业公会合并为天津市金融业同业公会。随着公私合营的工商业改造的推进，天津银行公会的功能逐步弱化，大体于1952年10月正式结束会务。[1] 这一阶段天津银行公会在动荡的政治更迭中不断寻找自己的历史定位，在完成了协助金融业公私合营的历史使命后退出了历史舞台。

需要指出的是，政府在天津银行公会整个存续过程中起着重要的作用。早在1915年，北京政府就颁布了《银行公会章程》，并于1918年对其进行了修订[2]；南京国民政府于1929年颁布了《工商业同业工会法》，并制定了相应的组织细则。这些法律法规的颁布不仅为天津银行公会的创设提供了法理依据，解决了正式制度下的合法性问题，而且为银行公会的运行提供了制度规范。然而，政府在正式制度方面的顶层设计只有助于说明为什么在近代中国的一些城市出现了银行公会，而无法解释为什么只有京、津、沪、汉等城市出现了银行公会[3]，也无法解释为什么一些城市的银行公会在创设以后又很快消失。例如，于1922年1月1日

---

[1] 参见王子善《天津银行同业公会的历史借鉴》，《天津金融月刊》1993年第7期，第42~44页。需要说明的是，笔者查询档案发现公会1952年9月17日的会议记录，参见《天津市金融业同业公会全体会员大会会议记录》，天津市档案馆藏天津市各业同业公会档案，档案号：J0204-002-000931，故王子善文中所提公会于"1951年10月结束"或系笔误。

[2] 周葆銮：《中华银行史》第八编第五章，文海出版社，1919。

[3] 截至1920年4月第一届全国银行公会联合会议在上海召开时，全国已设有上海、北京、天津、汉口、济南、杭州、蚌埠等七家银行公会。参见郑成林《从双向桥梁到多边网络——上海银行公会与银行业（1918-1936）》，华中师范大学出版社，2007，第117页。

附录 I ｜ 天津银行公会存在与发展的内在逻辑探析（1918-1936）

成立的南京银行公会①，到 1925 年 3 月就因会员行倒闭而退出，又无他行允为加入，不得已而停办。② 而苏州银行公会更是从 1924 年 7 月 13 日成立③到 1925 年 3 月停止会务，存续时间不到一年。这些银行公会解散的根本原因并不在于政府法律问题，而是在于自身的存在不能给其会员带来正的收益，故而对会员和潜在会员皆失去了吸引力。苏州银行公会在告知上海银行公会的公函中这样写道："……经各会员公同集议，以本会之设立于同业方面并无何种利益，反受意外苦痛，不如解散之。……敝公会于本年十一月间为职员任满之期，照章应行改选，惟查敝公会组织之始，入会银行本已甚少，……连年商请其他银行入会，均未能成事实。……兹由各会员一致公决，自即日起将会务停止。"④ 因此，政府颁布的相关法律、法规只是天津银行公会创设的外部条件，它的存在和发展却遵循着自身的逻辑，限于研究问题的特定需要，我们选取公会活动受政府非正常干预较少的第一阶段作为本文的考察范围。

二　制度需求：天津银行公会存在与发展的历史背景

从制度需求的角度讲，作为一种基于行业共同利益的银行家联合体，天津银行公会应该是在近代天津银行业日益发展，从而

---

① 《天津银行公会为南京银行公会成立事致会员函》，天津市档案馆藏中国实业银行天津分行档案，档案号：J0202-1-0404。
② 《关于时局多故开会公决暂时停止会务给天津银行公会的函》，天津档案馆藏中国实业银行天津分行档案，档案号：J0129-2-1605。
③ 《为本年七月十三日苏州银行公会成立给天津银行公会的函》，天津档案馆藏天津市各业同业公会档案，档案号：J0129-2-1603。
④ 《为苏州银行公会暂停业务给天津银行公会的函》，天津档案馆藏天津市各业同业公会档案，档案号：J0129-2-1605。

产生了行业的共同利益的时候才出现的，它并非是一种自然而然的现象，而是一种集体行动的制度建构。近代天津的银行家们之所以要创设公会，是因为在当时的社会经济背景下，存在一些需要他们共同面对的问题——惟有靠集体行动才能更有效地应对的问题，这些问题的有效应对正是他们的共同利益之所在，而公会就是这样一种可以更好地促使集体行动实现的有机装置或系统。[1]本部分我们将在叙述天津银行公会产生和发展的历史背景的基础上分析其制度需求。

早期天津的金融业是在漕运、盐业发展以及由此带来的商业和手工业发展的基础上产生的，主要包括钱业和票号。其中，钱业始于乾隆年间，以经营货币兑换为主要业务。票号则以货币汇兑为主要业务，它们存在的基础在于长距离贸易的发展所带来的异地间资金的调拨问题。自嘉庆二年（1797年）第一家票号——日升昌开办至道光初年，山西票号中有16家在天津设有分号，资本额达330余万两。[2] 一方面，第二次鸦片战争以后，天津被辟为通商口岸，开始由一个内贸型城市转变为外贸型城市，逐渐成为外国列强在中国倾销商品、掠夺原料、输出资本的重要基地，并由此带来了天津对外贸易的快速发展和经济腹地的扩大，

---

[1] 克罗齐耶与费埃德伯格认为，"组织并非是一种自然形成的现象，而是人为的一种建构"，人们所以要建构组织，"其目的在于解决集体行动的问题，而其中要解决的最为重要的是——合作的问题，以完成惟有靠集体行动才能实现的目标"。参见〔法〕克罗齐耶（Crozier, M.）、费埃德伯格（Friedberg, E.）《行动者与系统：集体行动的政治学》，张月等译，上海人民出版社，2007，第2页。

[2] 孙德常、周祖常主编《天津近代经济史》，天津社会科学院出版社，1990，第21页。

附录 I | 天津银行公会存在与发展的内在逻辑探析（1918-1936）

开启了其走向世界的进程[①]；另一方面，洋务运动的开展促进了天津工商业的繁荣和城市的现代化。这两方面的结合使得天津逐步发展为华北的经济中心，并由此促进了天津金融业的迅速发展。截至公元 1900 年庚子事变前夕，天津钱庄达 300 多家，炉房达 40 余家。[②] 但直到中日甲午战争前，天津的金融业还基本停留在传统金融业的层面上，其以银行业为代表的新式金融业的快速发展，还只是中日甲午战争以后的事。[③]

甲午战争和庚子事变以后，一方面，外国列强对华贸易条件进一步改善，加强了对华资本输出。于是，继英国（1882 年英国汇丰银行在津设立分行，成为落户天津的第一家外商银行）之后，一系列外国银行开始落户天津租界，如英国麦加利银行（1895 年落户天津租界）、俄国华俄道胜银行（1896 年落户天津租界）、德国德华银行（1897 年落户天津租界）、日本横滨正金银行（1899 年落户天津租界）、比利时华比银行（1906 年落户天津租界）、法国东方汇理银行（1907 年落户天津租界）、美国花旗银行（1918 年落户天津租界）、日本朝鲜银行（1918 年落户天津租界）等，到 1927 年已达到 14 家。[④] 外商银行的存在既对天津传统金融业提出了挑战，同时也对天津新式银行的产生与发展起到示范性作用。另一方面，中国为图强进行了一系列的新政。这些新政为中国民族资本主义发展进一步扫除了障碍，中国的新

[①] 姚洪卓：《走向世界的天津与近代天津对外贸易》，《天津社会科学》1994 年第 6 期，第 90~93 页。
[②] 孙德常、周祖常主编《天津近代经济史》，天津社会科学院出版社，1990，第 59 页。
[③] 1894 年以前，天津仅有一家新式银行——英国汇丰银行，于 1882 年在天津设立分行。
[④] 沈大年：《天津金融简史》，南开大学出版社，1988，第 21 页。

式企业开始由官办或官督商办为主走向民办为主的局面，并在第一次世界大战前后迎来了一个中国资本主义快速发展的春天。天津最早的新式企业是外资洋行和洋务运动中的官办企业，1902年，八国联军占领结束以后，民办新式企业呈现出持续发展的势头。从1902年至1913年的12年中，在天津共开办38家民办新式企业，其中资本额在1万元以上的有22家，5万元以上的有11家，另外，还有2家在100万元以上。① 一方面是外商银行的示范作用，另一方面是新式企业的资本融通需求。于是，自中国第一家新式银行——中国通商银行（1897年）在津设立分行以后，清政府天津官银号（成立于1902年，1913年改为直隶省银行，1929年后再改为河北省银行）和户部银行（成立于1904年，后改为大清银行，1912年改为中国银行）和交通银行（1908年）等银行的分行也相继在津设立。自1915年起，伴随着民族工商业的快速发展，华商银行成立渐多，他们作为一个群体在与外国银行和传统金融业（这里主要是指钱业，辛亥革命前后票号由盛转衰，逐渐淡出历史舞台）的竞争中，逐渐形成了天津金融界外商银行、华商银行、钱业三足鼎立的局面。②

随着新式银行在天津陆续设立，银行业作为一个整体的共同利益也日益凸显，而这种行业的共同利益是由行业作为一个整体所面对的共同问题决定的，如何更好地应对这些问题，进而获得更大的经营利润是银行业作为一个整体的共同利益之所在。近代

---

① 孙德常、周祖常主编《天津近代经济史》，天津社会科学院出版社，1990，第140页。
② 丁洪范：《天津金融市场概况》，《资本市场》1948年第1卷第10~12期。

附录 I | 天津银行公会存在与发展的内在逻辑探析（1918-1936）

天津银行业面对的共同问题中最显著的是一个动荡的、充满不确定性的金融市场，具体表现为金融风潮的频繁发生。[①] 而金融市场的这种不稳定性，大致是由三个相互区别而又紧密联系的因素共同造成的。第一，频繁的战争。自1900年天津被八国联军占领至1937年中日全面战争爆发的30多年间，天津金融市场始终笼罩在战争的阴影之下，不算小军阀之间火并，只比较大型的战争就有：1920年的直皖战争、1922年的第一次直奉战争、1923年第二次直奉战争、1926年开始的北伐战争、1930年的中原大战、1931年的"九·一八"事变。另外，需要指出的是，战争不只就战争本身而言，还有战前的准备和战后的善后。战争对金融市场的冲击是不言而喻的，细究起来，上述每一次金融风潮的背后似乎都有着战争的影子，每一次金融风潮爆发都或直接或间接地与战争联系在一起。第二，不稳定的政府与掠夺性的财政。频繁的战争意味着不稳定的政府和掠夺性的财政。为了使自己的统治地位稳固或进一步争得并扩大统治权，无论是中央政府，还是地方军阀控制下的地方政府都在参与一场关于财政资源的争夺。他们获得财政收入的来源除了传统税收，如关余、盐余和土地税外，还包括一些

---

① 1900年，由于遭遇八国联军抢劫，市面撼动，天津银钱商号倒闭，随后又爆发贴水风潮，到1904年才渐渐平息；1905~1908年发生了铜元危机，接着又爆发了银色风潮、布商债务风潮；1910~1911年，受上海橡皮股票风潮和政治动荡的影响，津市银号接二连三倒闭；1916年和1921年的中、交两行钞票挤兑、停兑风潮；受北伐战争、中原大战的影响1926~1930年更是金融风潮高发时段，并呈现出多家银行同时发生挤兑的特征。1926~1927年的直隶省钞挤兑风潮；1928年，中国丝茶银行平津两行发生挤兑，到12月，又有多家银行发生挤兑、停兑，1919年3~4月又有多家银行发生挤兑，1930年下半年，山西、河北、奉业等多家银行发生挤兑、停兑；1933~1935年，大中银行又遭遇多次挤兑。参见龚关《近代天津金融业研究（1861-1936）》，天津人民出版社，2007，第194~207页。

特殊的手段。这些特殊手段，除举借外债外，还包括发行国内公债和库券、要求银行垫款或向银行短期借款、操纵通货等。[1] 由于政府债券发行条例一般都规定：公债可以"随意买卖、抵押，其他公务上须交纳保证金时，得作为担保品"，并"得为银行之保证准备金"。[2] 因此，它是一种有价证券，可以在金融市场上买卖，但是，其市价行情与政府信用直接相关。[3] 每逢遇到战争，有点风吹草动就会导致政府债券市价跌落，牵动市面；而债券市价跌落又直接地影响到以其为准备而发行的纸币的信用，增加银行挤兑风险。第三，混乱的货币制度。混乱的货币制度最显著的特征有二：一是货币发行权的不统一，二是缺乏完善的货币发行准备制度。法币改革前，天津具有纸币发行权的银行，除"中、中、交"三行外，还有中南等九家银行[4]，他们的发行权有中央政府赋予的，也有地方政府赋予的。发行纸币对银行来讲，是重要的利润来源，而对政府来讲，却是财政筹资的重要手段。1916年和1921年的中交停兑、挤兑风潮，1926~1928年直隶省银行挤兑停兑风潮，在很大程度上就是由政府财政筹资而导致银行纸币滥发造成的。银行之所以可以滥发纸币又是与纸币发行准备制度

---

[1] 〔美〕齐锡生：《中国的军阀政治（1916-1928）》，杨云若、萧延中译，中国人民大学出版社，2010，第125~137页；来新夏：《北洋军阀对内搜刮的几种方式》，《史学月刊》1957年第3期，第8~11页。
[2] 千家驹：《旧中国公债史资料（1894-1949）》，中华书局，1984。
[3] 历史证明，北洋政府和国民政府的政府信用都是不太可靠的，在1921~1936年的短短十几年内居然于1921年、1932年、1936年进行了三次公债整理。参见中国银行行史编辑委员会《中国银行行史》，中国金融出版社，1995，第44页、第296~299页。
[4] 《接收中南等9银行钞票及准备金办法》，天津市档案馆藏天津市各业同业公会档案，档案号：J0129-3-5023。

的缺失相联系在一起的。尽管其间政府多次颁布相关法规、律令,但几乎从未被严格执行过,也有少数银行为了昭示自身信用而实行定期的发行准备检查（如1916年中交停兑风潮的天津中国银行和1921年挤兑风潮后的交通银行）,但相对完善的货币发行准备制度直到法币改革前始终未建立起来。① 混乱的货币制度造成了货币信用的不可靠,进而加剧了银行挤兑、停兑风险,增加了金融风潮发生的可能性。

上述三个因素相互交织共同造就了一个动荡的近代天津金融市场,这个市场所具有的不确定性促使天津的银行组织起来,以集体行动的力量共同面对,对银行公会的制度需求日益强烈,"若无聚集机关随时讨论,何以谋金融之发达,祛营业之积弊"。② 而这时又恰好有政府法律的依据,于是,由中国、交通等九家银行发起,于1918年2月14日创设了天津银行公会,"联络同业感情,维持公共利益,促进银行业之发达,矫正营业上之弊害"③,以期更好地适应近代天津复杂的社会经济形势,进而获取最大化的经营利润。

三 制度供给:"成本—收益"的衡量与"搭便车"问题

从制度供给的角度讲,制度需求并不能直接导致制度供给,因为正如他们作为一个行业具有其行业的共同利益一样,作为个体的银行都有着各自不同的利益。若我们假定,每个银行都是理

---

① 张秀莉:《南京国民政府发行准备政策研究》,博士学位论文,复旦大学,2009。
② 《为创设银行公会与市商务总会的往来函》,天津市档案馆藏天津市商会档案,档案号:J0128-2-1313。
③ 《天津银行公会办事细则》,天津市档案馆藏中国实业银行天津分行档案,档案号:J0202-1-0396。

性的个体，理性的个体追求自己最大化的利益，会对自己的行为进行"成本—收益"的衡量，而一个银行是否成为公会会员的决策就是在这种"成本—收益"的衡量中做出的。一方面，只有会员身份可以给银行带来的收益大于为此而付出的成本的时候，银行才有加入并留在公会的激励，这种激励关系着银行公会组织吸引力，是银行公会存在和发展的微观基础。另一方面，银行公会提供的服务具有公共品的性质，"搭便车"问题的存在会侵蚀公会的凝聚力。因为理性的银行会在不加入公会的情况下，享受公会所提供服务的溢出效应，从而影响公会制度的持续供给。本部分我们将分别从理性个体"成本—收益"衡量和防止"搭便车"两个角度分析天津银行公会的制度供给。

（一）"成本—收益"的衡量

从经济学的角度讲，我们可以将天津银行公会看作一种提供公共品的组织，或者说，为会员提供公共品是公会的主要职能。于是，成为会员的收益就可以用公会提供的公共品来刻画。这些公共品可以以多种方式表现：或有助于整个行业规范的确立和市场秩序的稳定，或有利于银行营业交易成本的降低，或有利于借贷市场中银行讨价还价能力的增强，或有助于降低金融市场的不确定性等。而公共品的提供是有成本的，首先就是入会费，作为一种会员资格获取的一项要件，它被存入银行生息，本息作为银行公会的基本金存在。却并不会因会员退出银行公会而退还，故其实质上可算作一种"抵押"，构成会员退出公会行为的一种机会成本。其次是银行公会运行成本，即经常费，它包括办公房地费、交际费、奉薪工食、邮电费等。①

在一段时期内，理性的银行家会在会员身份所带来的成本和收益之间进行一种动态的衡量，只有会员身份的期望收益大于期望成本时，理性的银行才会选择继续留在公会；在此前提下，理性的会员行会通过各种手段最大化其会员身份带来的净收益，这就必然要求公会一方面完善财务制度降低公共品提供的成本。一方面通过完善公共品的提供机制来增强公会的吸引力，这是公会存在与发展内在动力之所在。另一方面，公会不断完善公共品提供的机制，积极向会员提供多种形式的信息交流平台、便利会员营业、维持市场秩序、沟通银行与政府的关系、统一为会员讨债，金融风潮中对会员的接济等形式的公共品。

自公会成立以来，天津银行公会就注重财务制度建设，从公会发展初期的预算报告制度，到对预算的强调，直到最终制定了相对完善的会计组织法；同时，公会还通过节约电报费、减少不必要的应酬等各种方式降低公会的运行成本。1918年制定的《天津银行公会办事细则》只明确规定了公会日常收支的决算制度，即"由值年管理行聘用文书兼会计员一名，办理公会银钱收支事项；于每年一月召开的会员大会时，由大会主席报告上年公会的决算，并推选两会员行查核决算各项账目"。② 在实际操作中，每

---

① 《银行公会开支月报表》，天津市档案馆藏金城银行天津分行档案，档案号：J0211-1-0445。
② 《天津银行公会办事细则》，天津市档案馆藏中国实业银行天津分行档案，档案号：J0202-1-0396。

月都会报告一次账目，每年分上、下两期报告决算，并编有开支月报表和决算表，但并没有一定的预算制度。1921年8月，由于交际费过于泛滥，凸显出收支预算对成本控制的重要性。于是，公会通过决议：将每晚例餐及烟酒、汽水、点心等一概废止，以每月开支九百元作为预算①，并在公会章程中予以明确。1930年的《天津银行公会章程》第二十九条明确规定："每届一月会员常会时，执行委员会应编制上年决算及本年预算提交会员会议正式通过。"② 1931年的《天津市银行业同业公会章程》第三十条也规定："执行委员会应编制上年决算及本年预算提交会员大会通过，并呈报天津市党部及社会局备案。"③ 1924年，由于"帐目存欠并无对照，科目亦欠清晰"，公会"拟对于帐法妥为规定"，特请两名会计师草拟一份会计组织法，在广泛征求会员意见后，于3月29日的会员会议上一致议决通过，并于7月1日开始实行。④《会计组织法》包括总则、帐簿、表报、会计科目、附则等五款，共十五条；为天津银行公会办理一切收支款项的账务管理提供了规范化依据。⑤ 由于公会每月以经常费为大宗，其余资产负债之进出寥寥无几，对于会计组织法中规定的月计表似无

---

① 《二十年第一次会员会议记录》，天津市档案馆藏中国实业银行天津分行档案，档案号：J0202-1-0396。
② 《为送十九年一月四日通过之公会章程函会员（附章程）》，天津市档案馆藏中国银行天津分行档案，档案号：J0161-1-0865。
③ 《为送公会章程致天津市商会函（附章程三份）》，天津市档案馆藏天津市商会档案，档案号：J0128-3-006617-004。
④ 《三月二十九日会员会议议决录》，天津市档案馆藏天津市各业同业公会档案，档案号：J0129-2-1016-006。
⑤ 《致银行公会关于报告清查公会帐目及物件情形及整理办法的函》，天津市档案馆藏天津市各业同业公会档案，档案号：J0129-002-001608-055。

附录Ⅰ | 天津银行公会存在与发展的内在逻辑探析（1918-1936）

每月编制之必要，故从8月份起改为每届决算时编制，并将每届决算时应编制之经常费明细表改为每月编制开支月报表一次，以明逐月经费之消长。① 1928年，天津银行公会发生了会计庶务员丢失款项事件，为防止类似的事情发生，公会制定了《会计庶务员办事细则》十二条，对会计庶务员支用款项做出了严密的规定。② 预决算制度的确立、会计组织法制定与完善，以及会计庶务员办事细则的制定与实施是在天津银行公会对成本核算和成本控制的要求下完成的，标志着天津银行公会相对完善财务管理制度的最终形成。

公共品的提供机制就是天津银行公会的日常决策制度，1918~1936年，其日常决策制度经历了三个阶段：第一，值年制（1918年2月~1920年3月）；第二，董事制（1920年3月~1931年3月）；第三，委员制（1930年3月~1936年）。

1918年2月成立时，天津银行公会实行值年制。根据《天津银行公会办事细则》（以下简称《细则》）规定，其组织架构为"值年管理行一行，值年襄理行二行"。值年制下的日常决策主要是通过由一家或多家会员提出议案，并由会议议决的方式做出的，其会议形式主要包括会员大会、茶话常会、临时会。其中，会员大会于每年阴历一月七日召开，主要会务是签定值年管理行及襄理行，并报告本会上年办事之成绩及银钱出入之决算。茶话常会于每星期六、日下午二钟召开，以期互洽市面情形，筹议进

---

① 《稽核会员致会员函》，天津市档案馆藏大陆银行天津分行档案，档案号：J0216-1-0198。
② 无标题，天津市档案馆藏天津市各业同业公会档案，档案号：J0129-3-5362-020。

行事件。如遇有特别事项发生时，或由值年管理行召集或经入会银行三家以上之要求得开临时会。会员大会及临时会须有在会银行八家以上到会方得开会，每逢大会及临时会开会时须公推值年管理行代表之一人为主席，值年管理行有事故时，得由值年襄理行代之。《细则》第六条还明确规定了会议议案的决策规则为"凡会议事件以多数取决，如两数平均，则取决于主席"。①

1920年3月，天津银行公会正式在财政部注册，并报经直隶省公署备案，开始实行董事制。根据章程规定，其组织架构为"以行为单位设董事行七家，并设董事长一人"。与之相应的会务包括会员大会、董事会会议、会员临时会议、董事临时会议等。其中，会员大会于每年1月、12月各召开一次，主要办理银行公会的预决算等事关公会全局的事务。董事会的开会规程由《天津银行公会董事会简章》详细规定：公推董事长一人主持一切本会事务，并于每周星期六召开一次常会。②会员临时会议和董事临时会议则"由董事会之议决或会员五分之一以上之请求须开会员临时会议时，即由董事长遵章召集，并于通知单内由董事长盖章为证"。③董事制下的决策规则与值年制下的决策规则大体相同。除正式制度外，"查本公会现在设置渐已完备，自宜实行办事，期举实绩。如互报市面最新消息，合做大宗贸易，研究金融计

---

① 《为创设银行公会事项与市商务总会的往来函（附银行公会办事细则）》，天津市档案馆藏天津市商会档案，档案号：J0128-2-001313-001。
② 《天津银行公会董事会简章》，天津市档案馆藏天津市各业同业公会档案，档案号：J0129-2-001588-034。
③ 《为会员临时会议召开程序致会员函》，天津市档案馆藏中国实业银行天津分行档案，档案号：J0202-1-0396。

附录Ⅰ | 天津银行公会存在与发展的内在逻辑探析（1918-1936）

划，皆可于是日讨论一堂。实一绝好机缘，持之以恒，各行自可得最良效果，而本会亦不至等于虚设矣。当为在会各行一致赞同者也"。① 自1921年3月26日起，银行公会还通过午餐会的形式来增进银行公会的决策效率，并于1924年8月1日起，开始实行便利营业联络感情办法。②

1930年1月，经会员会议议决，将1920年3月制定章程斟酌修改，开始实行委员制，设执行委员七家，并由执行委员互选主席一人。③ 1931年3月改组后，天津银行公会仍实行委员制，并根据修订后的章程其组织架构为"设执行委员十五家，候补委员五人，从执行委员中选常务委员五人，并由常务委员会互选主席一人"。④ 与之相应的会务包括会员大会、常务委员会会议、执委会会议、会员大会临时会议、执行委员临时会议等。其中，会员大会常会每年1月、7月各举行一次，由执行委员会之议决或十分之一以上之请求得召开临时会，二者由执行委员会召集之，并须呈天津市党部及社会局备案。仍分常会和临时会两种，"均由执行委员会召集之"，并"由常务委员组织主席团，轮流主席"；执行委员会每月举行两次常会，由常务委员会召集，且常务委员会认为必要或有执行委员过半数之请求时，可召集临时会。常务

---

① 《天津银行公会致会员函》，天津市档案馆藏中国实业银行天津分行档案，档案号：J0202-1-0396。
② 《为八月一日施行便利营业联络感情办法的通知复银行公会函》，天津市档案馆藏天津市各业同业公会档案，档案号：J0129-3-5476。
③ 《为送修改本会章程致天津总商会的函》，天津市档案馆藏天津市商会档案，档案号：J0128-3-006313-045。
④ 《关于本会依法改组情况的会议记录》，天津市档案馆藏天津市各业同业公会档案，档案号：J0129-2-1002-004。

委员会每星期举行一次，由主席委员召集之。常务委员会与执行委员会开会时均以主席委员为主席。委员制下的日常决策须有两家以上会员联署提出，每家会员一票，并建立了弹性的表决制度，即假决议制度。《天津市银行业同业公会章程》（1931年3月）第二十一条规定："会员大会之决议，以会员代表过半数之出席，出席代表过半数之同意行之；出席代表不满过半数者得行假决议，将其结果通过各代表于一星期后两星期内重行召集会员大会，以出席代表过半数之同意，对假决议行其决议。"第二十二条又规定："左列各项事项之决议，以会员代表三分之二以上之出席，代表三分之二以上之同意行之；出席代表逾过半数而不满三分之二者，得以出席代表三分之二之同意行假决议，将其结果通告各代表，于一星期后二星期内重行召集会员大会，以出席代表三分之二以上之同意，对假决议行其决议。一、变更章程；二、会员或会员代表之除名；三、职员之退职；四、清算人之连任及关于清算事项之决议。"

天津银行公会从值年制到委员制演进表现出三个特征。第一，参与日常决策的人数逐渐扩大，日常决策的基础不断巩固。值年制下只有3家值年行参与日常决策，董事制时期有7家董事行，而到了委员制时期则有执行委员15人，候补委员5人，基本每家会员都能参与日常决策。第二，作为日常决策的平台，会务体系逐步完善。值年制时期仅有会员大会、茶话常会、临时会，到了董事制时期会员大会、董事会会议、会员临时会议、董事临时会议，并制定了《董事会简章》；到了委员制时期，会务体系扩展为会员大会、常务委员会会议、执委会会议、会员大会临时会议、执行委员临时会议，并制定了相对严密的《会议规则》。第三，决策的不断科学化。在值年制时期和董事制时期决策仅为多数原则，而到了委员制时期，不仅将决策对象进行了分类，而且建立了假决议制度，这有助于提高决策的效率和科学性。

（二）"搭便车"倾向的努力

在上文的分析中，我们并未考虑"搭便车"的现象。由于公会向会员提供的服务具有公共品的性质，其外部性的存在使得理性的个体具有"搭便车"倾向，即只享受公共品带来的收益，而不承担公共品所带来的成本。克服银行"搭便车"的倾向有利于增强银行公会的凝聚力，是银行公会存在与发展中的一项重要内容。

从公会所提供公共品的受益范围的角度，我们可将这种组织提供的公共品分为两类。第一类是整个行业的公共品，即这种产品生产出来后，行业内的每个成员都可以非排他地享受，这类公共品涉及整个行业的共同利益。例如，银行公会通过各方游说而促使政府颁布了一部有利于金融市场长期稳定的法律、法规或争取到某项税收上的优惠，就属于这类公共品。第二类是组织内部的公共品，即这种公共品只有公会内部的成员才可以非排他地享受。公会为每个会员提供最新的汇市行情，可算提供这类公共品的一个例子。因此，在逻辑上就存在着与两类公共品相对应的"搭便车"行为：一类是针对整个银行业范围内的公共品的"搭便车"行为，另一类是针对银行公会组织内的公共品的"搭便车"行为。

第一类行为最常见，也最自然，原因在于只要这类公共品被提供出来，所有银行就会非排他地受益，而不管其是否为公会会员。减轻这种"搭便车"行为的关键在于使得更多的银行加入公会，历史上所采取的办法都与某种强制性联系在一起，即使成为会员具有强制性，不加入公会就会受到严厉的制裁，这样行业内的每一个银行都要加入公会，行业范围内公共品的外部性问题就得以内在化地解决。这种强制性既可以来自行会内部，也可以来自政府的法令。前者是我国封建行会通常使用的手段，即所谓的"强制会籍制度"[①]，它是中国传统城市工商业行会得以维持其组织权威和力量的一项重要制度，其核心在于规定："只有按照行规履行入帮上行的手续，取得会员的资格，才能依据行会所规定的权利和义务行事。"也即是说，若想从事某一行业必须首先加入行会，这样就有效地解决了行业组织所提供的公共品的外部性问题。南京国民政府也曾试图做到这一点，实业部在1936年7月颁布《工商同业公会章程准则》第六条明确规定："凡在本区域内经营某业之公司行号均应为本会会员"[②]，而1929年8月颁布的《工商同业工会法》第一条则规定："凡在同一区域内经营各种正当之工业或商业者，均得依本法设立同业公会"。"均得"是对于入会资格的限定，而"均应"则含有强迫入会的意味，但这与天津银行公会会"自愿入会"的原旨颇有出入，因此，这种强制性直到抗战爆发

[①] 彭泽益：《十九世纪后半期的中国财政与经济》，人民出版社，1983，第186页。
[②] 《天津银行公会致会员函的附件〈工商同业公会章程准则〉》，天津市档案馆藏中国银行天津分行档案，档案号：J0161-1-1274。

附录Ⅰ | 天津银行公会存在与发展的内在逻辑探析（1918-1936）

也未得到贯彻。① 正如前文所述，天津银行公会是在不断完善财务制度，尽量节减公会运行成本的前提下，通过向会员行提供更多的组织内公共品，来不断增加银行加入公会的激励，从而减轻行业范围内的"搭便车"倾向来实现的。

银行公会所提供的组织范围内的公共品同样存在"搭便车"的问题。解决这一问题的关键在于使得会员为其享受的公共品公平而合理地付费。因此，一个行之有效的经常费分担办法就成了防止会员的"搭便车"行为的重要内容。鉴于此，天津银行公会在成立伊始，就议定有明确的经常费分担办法，并载入1918年的《天津银行公会办事细则》："本会开办及常年经费由中、交、直隶省三行担任全额之六成，其余四成由入会其他各银行分担之。"但是这样的经费分担办法是存在弊端的，一者它并未细化到每家银行，容易产生行间纷争；再者，如果严格按照这样的分担方式，中、交、直三行的负担已成定额，而随着会员的增减，中、交、直三行之外的会员相对负担则会变轻或加重。故这一经费分担办法不久便得到修改：中、交、直三行为一级，各担三成，其余各行为二级，各担一成，成数则由会员数最终决定。"查本会定章凡一切款目悉按二十四成摊派……除交通、中国、直省三银行每行照章三成外，其余十五成每银行摊洋一成。"② "在会行二十家，中交直三家各担三成，其余十七家各担一成，共计应按二

---

① 《会员行与本会律师关于照章修改本会章程事致公会的函》，天津市档案馆藏天津市各业同业公会档案，档案号：J0129-2-1600。
② 《直隶省银行为摊接受证券交易所股款事函天津银行公会》，天津市档案馆藏天津市各业同业公会档案，档案号：J0129-2-1617。

十六成分摊。"① "在会行二十二家，中交直三家每担三成，其余十九家各担一成，共计按二十八成均摊。"② 1932年后，公会又将分担办法按一、二、三级划分，即中、交两行为一级，按三成分担；大陆、金城、盐业、中南四行按二级，各担两成；其余各行三级，各担一成。③

这一经费分担办法在天津银行公会的会员之间以惯例法的形式延续下来，构成天津银行公会制度的重要组成部分，并被援引到慈善捐款、官厅摊派、政府借贷额的分配等以公会为主体的相关支出。例如，1920年7月25日临时会员会议议决录中这样写道："为国民助饷捐款，拟由各银行共捐洋一万元。仍照向来分摊会中经费办法，按二十四成分派，中交直各摊三成，其余各行各摊一成，表决多数通过。"④ 1930年10月20日，公会为辽宁水灾急赈会捐款在致会员的函件中这样写道："日前本公会会员会议曾经议决，由在会各银行共同捐助洋贰千元，按各行分担本公会经费分摊。"⑤ 这不仅有利于防止公会会员的"搭便车"行为，而且有利于减少会员之间因成本分担而进行的讨价还价，有利于降低交易成本，从而在增强公会凝聚力方面起着无可替代的作

---

① 《天津银行公会各项开支月报表》，天津市档案馆藏中南银行天津分行档案，档案号：J0212-1-0797。
② 《天津银行公会各项开支月报表》，天津市档案馆藏金城银行天津分行档案，档案号：J0211-1-0669。
③ 《二十一年六月二十一日会员会议记录》，天津市档案馆藏中国银行天津分行档案，档案号：J0161-2-0873。
④ 《七月二十五日临时会员会议》，天津市档案馆藏天津市各业同业公会档案，档案号：J0129-2-1009。
⑤ 《天津银行公会致会员函》，天津市档案馆藏中国实业银行天津分行档案，档案号：J0202-1-0403。

用。最后需要指出的是，我们只是在理论上刻画了"经费分摊问题"在克服组织内"搭便车"倾向中的重要作用。事实上，经费分摊的背后隐藏着各种力量的复杂的博弈，但这并不影响经费分摊问题的重要性，而只是加强了这种重要性，因为经费分摊的多寡正是各种力量博弈的核心。

四 结语与讨论

本文从制度经济学的角度，分别从制度需求和制度供给两方面对天津银行公会进行了刻画，二者共同构成了天津银行公会存在与发展的内在逻辑。从制度需求的角度看，天津银行公会是在近代天津银行业日益发展，行业共同利益日益凸显的背景下出现的，是一种集体行动的制度建构。从制度供给的角度看，天津银行公会着眼于理性个体"成本—收益"的衡量和防止"搭便车"问题，不断加强自身的制度建设，从而奠定了公会存在和发展的微观基础。

在市场经济中，企业是重要的经济主体，作为一种基于行业共同利益的企业联合体，行业协会[①]既是政府进行经济管理的社会组织，也在市场秩序的塑造和维护方面发挥不可或缺的作用。当前我国"深化经济体制改革的核心是处理好政府与市场的关系"，并"让市场在资源配置中起决定性作用"，这就必然要求"适合由社会组织提供的公共服务和解决的事项，交由社会组织

[①] 目前行业协会组织名称在各地不同，有叫"同业公会"的，也有叫"某某行业协会"的。比如，同为银行业的同业组织，在上海叫"上海市银行同业公会"，在天津叫"天津市银行业协会"。但是不管名称如何，它们在性质上是一致的，都是基于行业共同利益的企业联合体。

承担。支持和发展志愿服务组织，限期实现行业协会商会与行政机关真正脱钩，重点培育和优先发展行业协会、商会类社会组织"。① 天津银行公会存在与发展的历史经验启示我们，每个行业在发展到一定阶段都毫无疑问地会产生行业的共同利益，这是行业协会创设的基础和前提。政府政策的支持和鼓励能有效地降低行业协会的创设成本，在某种程度上减轻由"搭便车"行为造成的行业协会难产问题，有利于解决行业协会"进得门"的问题。但行业协会产生以后，其努力方向必须符合行业协会存在与发展的内在逻辑，与理性会员行内在的基于"成本—收益"考量的利益最大化倾向相一致，从而奠定行业协会持续存在与发展的微观基础。

---

① 《中共中央关于全面深化改革若干重大问题的决定》，中央政府门户网站，http://www.gov.cn/jrzg/2013-11/15/content_2528179.htm，2013年11月15日。

附录 Ⅱ

A 中华民国财政部颁《银行公会章程》

（1915年8月24日）

第一条 各处银行钱庄银号等应照本章程组织银行公会，办理左列各事项：

一、受财政部或地方长官委托办理银行公共事项

二、办理支票交换所及征信所事项

三、办理预防或救济市面恐慌事项

第二条 各银行钱庄银号具有左列各条件者，得公共组织公会，禀准财政部设立之。

一、资本金额在两万以上者；

二、注册设立已满一年以上者；

银行公会设立后，凡具有上列条件者，得随时由会核准加入。

第三条 银行公会设会长、副会长各一人，董事无人至七人，会员无定额。

第四条 会长副会长由会员于董事中选任之。

第五条　董事由会员互选之。

第六条　凡入会之银行庄号均得举出一人为会员。

第七条　会长副会长非有左列资格者不得被选

一、资本额五十万以上之银行经理

二、钱业公所领袖董事

三、商会总理协理

第八条　董事非有左列资格者不得被选

一、资本十万元以上之银行经理副经理

二、钱业公所董事

三、商会会董

第九条　会长副会长任期为二年但得连任一次董事任期为四年每两年改选半数。

第十条　凡有左列各项情节者，不得为本会会员：

一、曾经宣告破产者

二、诉讼尚未了结者

第十一条　入会银行有相互维持之责。

第十二条　入会银行均需于营业盈利项下提出一成，存储本会作为公积金。

第十三条　入会银行于营业资本不敷周转时得以确实担保品向本会借用公积金，其利息临时公议定之。

第十四条　公积金所生利息仍归原提存之各该银行所有。

第十五条　入会银行如有破坏公益及不遵守本会各项章程情形事，得由董事会议决取消其入会资格。

第十六条　本会办事细则由董事会议定详准财政部施行之。

第十七条　本章程之施行日期由财政部定之，如有未尽事宜并得由部随时修正公布施行。

B　中华民国财政部颁《银行公会章程》

（1918年8月28日）

第一条　依照中华民国法令组织之本国银行有五行以上之发起得遵照本章程呈准财政部组织银行公会办理左列各事项

一、受财政部或地方长官委托办理银行公共事项

二、办理支票交换所及征信所事项

三、发展银行业务，矫正银行弊害

但中外合资设立之银行依照中华民国法令注册设立者得加入公会。

第二条　入会银行应具有左列各条件

一、实收资本总额在二十万元以上者

二、注册设立已满一年以上者。

银行公会设立后，凡具有上列条件者，经入会银行多数之同意得随时加入。

第三条　银行公会得举出会员代表本银行其会员之资格及员数之限制于各地银行公会章程内定之。

第四条　凡有左列各项情事者，不得为本会会员：

一、曾经宣告破产尚未撤销者

二、剥夺公权尚未恢复者

三、非中华民国国籍者

第五条　各地方银行组织银行公会应拟定公会章程及其他各项规约呈请财政部核准施行。

第六条　银行公会章程内应规定左列各事项

一、公会经费及征收会费之方法

二、公会所在地

三、公会内部组织

四、公会应办各事

第七条　银行公会得设董事长一人，董事至多不得超过七人

第八条　董事由会员中公选，董事长由董事互选之

第九条　董事长董事任期二年期满改选但得连任

第十条　入会银行有相互维持之责

第十一条　入会银行如有破坏公会及不遵守本会章程情事得由董事议决并经入会银行多数同意，令其退会

第十二条　一地方内银行公会以设立一所为限

第十三条　银行公会得附设银行会员俱乐部其章程由各该地公会零定之。

C　天津银行公会试办简章

（1918年2月）

第一条　本会为联结银行团体起见，根据财政部章程，按照地方习惯酌量变通组织成立；定名曰：天津银行公会。

第二条　本会暂定应办事项如左：一、受政府或地方行政长官之委托，办理银行公共事项；二、研究银行业务之改良及汇兑交换之便利；三、维持本埠通行纸币之信用；四、预防市面金融之恐慌及救济；五、处理在会银行号债权债务之纠葛。

第三条　凡在会各银行资本在五十万元以上者，得各举总正副经理一人为本会董事，俟会务发展再行正式选举。

第四条　凡在会各银行除举出本会董事外，其余总正副经理、管理、管事及各科主任均得为本会会员。

第五条　本埠银号、钱庄资本在五万元以上者，均举出经理或管事一人，经在会一家银行之介绍，亦得为本会会员。

第六条　本会设正副会长各一员，由董事内公选之，以多数者为当选。

第七条　会长、副会长须具左之三资格：一、现任资本五十万元以上之银行总正副经理者；二、向有银行业务上之信用者；三、年在三十岁以上者。

第八条　会长、副会长任期一年，连举者连任。

第九条　本会设监察员二人，由会员内公选之，以多数者当选。

第十条　监察员任期为一年，不得连任。

第十一条　本会设文书兼会计员一员，庶务员一员，茶房若干名，由正副会长选用之。

第十二条　凡有左列各项情节者不得为本会会员：一、曾经宣告破产者；二、曾失同业中之信用者；三、诉讼尚未了结者；四、年龄未满二十五岁者。

第十三条　本会每年阳历一月七日开常会一次，选举正副会长及监察员，以后每逢星期六聚会一次；如有特别重要事故，得开临时会议。

第十四条　常会、临时会得由正副会长召集之，如有在会银行三家以上之要求，经正副会长许可后，亦得为临时会议之召集。

第十五条　无论常会、临时会须有在会人数三分之二以上到会，方得开会。

第十六条　会议时以正会长为议长，正会长有事故时，以副会长代之，如副会长亦有事故，则于到会人员内公推一人为临时主席。

第十七条　会议事件以多数为表决，如二数平均则决于议长。

第十八条　凡在会银行、银号、钱庄均有担任本会会费之义务，其数目多寡另定之。

第十九条　会长、副会长应核计每年应需会费之数，令会计员造一预算表提出常会要求通过，以后每月即按预算表所列之数向在会银行、银号、钱庄征收会费，年终列一决算表，俟开常会时以报告于会员。此项预决算表均应先期受监察员之详细检查。

第二十条　正副会长交替时，应将任内经手银钱等项及本会公置器具分列表册，移交后任接收。此项交代亦应由监察员会同查察，以重公款。

第二十一条　凡在会银行、银号、钱庄如有失其营业上之信用者，或不守本会章程者，得由本会公议表决，取消其入会资格。

第二十二条　本章程系属暂行试办，如有未尽事宜，得于每年开常会时提出修改，或增订之。

第二十三条 本章程自公决实行之日起，即生效力。

D 天津银行公会办事细则

（1918年2月）

第一条 本会根据财政部公布银行公会章程第十六条之规定，拟定办事细则十条，由会员会议议决执行之。

第二条 本会由天津本国各银行组合成之，定名曰：天津银行公会，立于天津县境内。

第三条 本会以联络同业感情，维持公共利益，促进银行业之发达，矫正营业上之弊害为宗旨。

第四条 本会由已入会之各银行正副行长或正副经理皆为本会会员，其各行重要职员经各行正副行长或正副经理之介绍亦得为本会会员。

第五条 本会之管理及职员

（一）值年管理行一行；（二）值年襄理行二行；（三）文书兼会计员一人；（四）庶务员一人。

第六条 值年管理行及襄理行用抽签法由已入本会各银行内签定担任之，其任期均为一年；如次年复抽得者，得连任一次。文书兼会计员暨庶务员由值年管理行聘用之。

第七条 职员之权限

一、值年管理行有管理全会事务之责；

二、值年襄理行有辅助值年管理行办理本会事务之责；

三、文书兼会计员管理全会文件之起稿、缮写及收发,并银钱之收支事项;庶务员办理全会凡不属于文书会计之各项事务。有误职守时,得由值年管理行更换之。

第八条 开会之规程

一、本会每年阴历一月七日开大会一次,签定值年管理行及襄理行,并报告本会上年办事之成绩及银钱出入之决算。

二、本会每逢星期六、日下午二钟,开茶话常会一次,以期互洽市面情形,筹议进行事件。

三、本会遇有特别事项发生时,或由值年管理行召集或经入会银行三家以上之要求得开临时会。

四、大会及临时会须有在会银行八家以上到会方得开会。

五、大会及临时会开会时公推值年管理行代表之一人为主席,值年管理行有事故时,得由值年襄理行代之。

六、凡会议事件以多数取决,如两数平均,则取决于主席。

第九条 本会会员出会之规程依财政部公布银行公会章程第十五条规定执行之。

第十条 本会开办及常年经费由中、交、直隶省三行担任全额之六成,其余四成由入会其他各银行分担之。

E 天津银行公会董事会简章

(1920年7月)

第一条 本会由董事组织之,公推董事长一人主持本会一切事务。

　　第二条　本会按照公会章程第二十六条每月开常会一次,以第三星期六、日行之,临时会于董事长认为必要或董事二人以上声请时,由董事长召集之。

　　第三条　本会开会时须有董事过半数之列席方得开议。

　　第四条　本会开会时以董事长为主席,董事长有事不能出席时,由董事临时互推代理主席。

　　第五条　本会开会时各董事如有因事不克到会者,应委托他董事代表。

　　第六条　本会议事以多数表决。

　　第七条　本会议事如有涉及一行或董事个人者,该行代表董事应即回避。

　　第八条　本会议决事项未出席之董事不得再有异议。

　　第九条　此项简章由本会议决实行,修改时亦同。

F　会计庶务员办事细则

(1928年3月)

　　一、本公会会计庶务员秉承董事长及稽核董事之命,办理本公会会计及庶务事宜。

　　二、本公会与银行往来款项关于存单及支票等件,应由董事长签字(遇董事长不在津时,即由该董事长行之代表人代为审核签字)。

三、本公会开出支票向银行支款时，应由会计员将用途在支票留底上注明，再行送呈董事长签字。

四、本公会支付款项数目无论巨细，均以正式单据为凭（即收条发票等是），已付款之单据应加盖年月日付讫戳记，并编列号码用簿粘存备查。

五、本公会会计庶务处所存现款不得过一百元，支出若干随时出帐，俟该款行将用罄时，再陈请董事长签开支票续拨款项备用。

六、本公会除薪俸工食等项固定之开支外，其余各项活动开支数在五元以上者，应由会计庶务员预先陈请稽核董事批注照付后，始能动支。

七、会计庶务处所存款项行将用罄，须请董事长签开支票续拨款项时，应由会计兼庶务员将以前用款将稽核董事核准之单据送董事长核阅，以凭签开支票续拨款项。

八、公会基本金项下之定期存款每届到期时，应将存单或存折送至银行转期，另换新单或新折，其应得利息随时交银行本公会往来存款账，不得取现。

九、嗣后本公会开支经常费应先以本公会所得存息抵付，不敷之数，再由各银行照向来办法分成担认。

十、本公会经常费每月结出后，由基本金所得存息抵付若干，由会员各银行摊付若干，应由会计兼庶务员造具报告，连同单据等件送经稽核董事审核批准后照办；此项报告并应油印，于向会员各银行收款时分送各行核阅。

十一、每月应向各银行摊收之经常费收进若干，应随时送交银行收本公会账，至迟应于下月十五日以前收齐。

十二、此项细则俟经董事会议议决通过后实行，将来实行后，事实上如有不便之处，应随时陈请董事长及稽核董事商酌办理。

G 天津银行公会章程

（1930年1月）

第一章 总则

第一条 本公会由天津本国各银行组织之，定名曰：天津银行公会，会所设于天津。

第二条 本公会办理银行公共事项，以联络同业感情，维持公共利益，促进银行业之发达，矫正营业上之弊害为宗旨。

第三条 凡入会之各银行皆为本公会之会员，由各银行经理、副经理及职权相当之重要职员到会代表之。

第四条 各会员代表在本公会发言须负完全责任。

第二章 入会资格

第五条 天津本国各银行或中外合资之银行依照中华民国法令注册设立者，得加入本公会。但以左列资格为限：一、实收资本额在二十万元以上者；二、注册设立已满一年以上者。

第六条 欲加入本公会之银行，须有会员二人以上之介绍，并须将该行最近一年间营业报告书及入会愿书送交本公会执行委员会审查，入会愿书详计左列各项，并由介绍人及代表人署名盖章。一、银行名称；二、资本总数；三、已收资本数目；四、注册年月日；五、办理营业年月日；六、总分行之所在地点；七、董事及监察人之姓名；八、代表人姓名职务及津行经理姓名。

第七条 前项入会愿书由执行委员会审查后，提交会员会议以无记名投票法决其可否，惟须有会员全体三分之二以上之同意始得入会。

第八条 会员入会后，如有变更登记会员名簿内之事项，须于二星期内通知本公会执行委员会改正之。

第九条 凡有左列情事之一者不得在本公会为会员之代表人：一、非中华民国国籍者；二、有反革命行为者；三、剥夺公权尚未恢复者；四、曾受破产宣告尚未撤销者；五、犯刑律徒刑以上之罪尚未判决无罪者。

第十条 会员有左列情事之一者，即丧失其为会员之资格：一、请求退会；二、受破产宣告；三、与他团体合并，或迁移他埠，或自行解散；四、被本公会削除会籍。

第十一条 会员请求退会者，应具退会愿书。

第十二条 会员有左列情事之一者，由本公会开会员会议公决削除其会籍：一、有不正当行为妨害本公会名誉者；二、为银行业不应为之业务，经本公会劝告无效者；三、丧失营业之效力者；四、不遵守本公会章程者。

第三章 职员

第十三条 本公会设执行委员七人，由全体会员公选之；主席委员一人，由执行委员中互选，于每届改选年份第一次会议时行之；主席委员于任期内缺席时由其余执行委员中另选之。

第十四条　主席委员及执行委员均任期二年，期满改选，但得连任。

第十五条　主席委员主持本公会一切事务，对外为本公会之代表。

第十六条　本公会设办事员二人办理文牍、会计、庶务诸事，由主席委员聘用。

第四章　会议

第十七条　本公会会议分左列二种：一、会员会议由全体会员组织之；二、执行委员会议由执行委员组织之。

第十八条　会员会议分左列两种：一、常会，于每年一、七两月举行，以每月第一星期六日行之；二、临时会，由执行委员会之议决，或会员五分之一以上之请求，由主席委员召集之。

第十九条　凡会议以主席委员为主席，主席委员不能出席时，由执行委员临时公推代理主席。

第二十条　会员会议时每一会员不问其到会代表有几人，只有一表决权。

第二十一条　会员会议非有全体会员过半数以上之列席不得开议。

第二十二条　选举执行委员，或讨论一切议案以出席会员三分之二以上之同意表决之。

第二十三条　会员提出议案须有二员以上连署。

第二十四条　会员会议已议决之事项，未出席之会员不得再有异议。

第二十五条 会员会议议决事项，须记载于议事录，由主席签字存于本公会，并录送各会员。

第二十六条 执行委员会议每月一次，以第三星期六日行之。

第二十七条 执行委员会议另有议事录记载左列各项：一、所议事件；二、会议结果；三、列席委员署名。

第五章 会计

第二十八条 本公会每年结账两次于六月三十日及十二月三十一日行之。

第二十九条 每届一月会员常会时，执行委员会应编制上年决算及本年预算提交会员会议正式通过。

第三十条 本公会会计事务除由会计员秉承主席委员办理外，并由执行委员按月轮流稽核一切帐目。

第六章 经费

第三十一条 本公会经费由会员负担。

第三十二条 本公会会员应出之经费规定如左：一、入会费每行银元一千元入会时交；二、常年费照预算案公议分担，每月十日交；三、特别费临时议定之。以上各项会费已缴纳者不退还。

第七章 附则

第三十三条 本公会办事细则由执行委员会订定之。

第三十四条 本公会章程如有应行修改之处，须开会员会议经全体会员四分之三以上同意方为有效。

H 天津市银行业同业公会章程

（1931 年 3 月）

第一条 本公会定名为天津市银行业同业公会。

第二条 本公会办理银行公共事项，以联络同业感情、维持公共利益、促进银行业之发达、矫正营业上之弊害为宗旨。

第三条 本公会会所暂设英租界达文波路一五三号。

第四条 凡在天津市营业之本国各银行或中外合资之银行，依照中华民国法令注册设立者，均得加入本公会。

前项所指中外合资之银行加入本会时，应依照部颁中外合资之公司、商店加入商会办法办理。

第五条 凡加入本公会之银行须有会员二员以上之介绍，并须将该行最近一年间营业报告书及入会志愿书送交本公会存查，入会志愿书内应详记左列各项，并由介绍之会员及入会之银行署名盖章：

一、银行名称；二、资本总数；三、已收资本数目；四、注册及成立年月日；五、总分各行之所在地；六、董事及监察人之姓名；七、津行经理姓名。

第六条 凡加入本公会之银行，即为本公会会员每行得推举代表一人至二人，以经理人或主体人为限，其最近一年间平均使用人数每超过十人时应推代表一人，由各该行之店员互推之，但至多不得逾三人。

第七条 凡有左列情事之一者，不得在本公会为会员代表。

一、非中华民国国籍者；二、有反革命行为者；三、剥夺公权尚未恢复者；四、受破产宣告尚未撤销者；五、无行为能力者。

第八条 会员有下列情事之一者，即丧失其为会员之资格。

一、请求退会；二、受破产宣告；三、与他银行、公司合并，或迁移他埠，或自行解散；四、被公会削除会籍。

第九条 会员请求退会者，应具退会愿书。

第十条 会员有左列情事之一者，由本公会开会员大会公决削除其会籍：一、有不正当行为妨害本公会名誉者；二、为银行业不应为之业务，经本公会劝告无效者；三、丧失营业之效力者；四、不遵守本公会章程者。

第十一条 本公会会员大会用无记名选举法就会员代表中选举执行委员十五人，候补委员五人，由执行委员互选常务委员五人，并就常务委员中选任一人为主席委员。

第十二条 执行委员缺额时由候补委员依次递补，其任期以补足前任任期为限，候补委员在未递补前不得列席会议。

第十三条 本会执行委员均任期四年，每两年改选半数，不得连任，第一次改选时以抽签法行之，但委员人数为奇数时，其留任之人数得较改选者多一人。

第十四条 主席委员主持本公会一切事务，对外为本公会之代表。

第十五条 本公会酌设办事员办理文牍、会计、庶务等事，由主席委员聘用。

第十六条　本公会会议分左列三项：一、会员大会，由全体会员代表组织之；二、执行委员会议，由执行委员组织之；三、常务委员会议，由常务委员组织之。

第十七条　会员大会分左列二种，均有执行委员会召集之：一、常会，于每年一、七两月举行；二、临时会，由执行委员会之议决，或会员十分之一以上之请求，由执行委员会召集之，但须呈天津市党部及社会局备案。

第十八条　执行委员会会议分左列二种，均由常务委员会召集之：一、常会，每月举行二次；二、临时会，常务委员认为必要，或由执行委员过半数之请求时召集之。

第十九条　常务委员会每星期举行一次，由主席委员召集之。

第二十条　常务委员会、执行委员会开会时，均以主席委员为主席，会员大会由常务委员组织主席团轮流主席。

第二十一条　会员大会之决议，以会员代表过半数之出席，出席代表过半数之同意行之；出席代表不满过半数者得行假决议，将其结果通过各代表于一星期后两星期内重行召集会员大会，以出席代表过半数之同意，对假决议行其决议。

第二十二条　左列各项事项之决议，以会员代表三分之二以上之出席，代表三分之二以上之同意行之；出席代表逾过半数而不满三分之二者，得以出席代表三分之二之同意行假决议，将其结果通告各代表，于一星期后二星期内重行召集会员大会，以出席代表三分之二以上之同意，对假决议行其决议。一、变更章程；二、会员或会员代表之除名；三、职员之退职；四、清算人之连任及关于清算事项之决议。

第二十三条　会员大会每一代表有一表决权。

第二十四条　会员提出议案须有两员以上之连署。

第二十五条　会员大会议决之事项未出席之会员不得有异议。

第二十六条　会员大会已议决事项须记载于议事录，由主席委员签字存于公会，并录送各会员。

第二十七条　执行委员会应另有议事录记载左列各项：一、所议事件，二、会议结果；三、列席执行委员署名。

第二十八条　本公会经费由会员担任。

第二十九条　本公会会员应出之经费规定如左：一、入会费每行银元一千元，入会时交；二、常年费照预算案公议分担，每月十日交；三、特别费由会员大会临时议定之。以上各项会费会员出会时，概不退还。

第三十条　执行委员会应编制上年决算及本年预算提交会员大会通过，并呈报天津市党部及社会局备案。

第三十一条　本会会计事务除由会计员秉承主席委员办理外，并由执行委员按月轮流稽核一切帐目。

第三十二条　本公会办事细则由执行委员会订定之。

第三十三条　本章程呈请天津市党部核准并呈报社会局转报市政府核转实业部备案后施行之。

第三十四条　本公会章程如有未尽事宜，应遵照本章程第二十二条规定之手续修改通过，并呈报天津市党部及社会局转报市政府核转实业部备案。

I 天津银行公会会计组织法

（1924年4月）

第一　总则

第一条　本公会一切收付款项依照本组织法办理。

第二条　本公会以前积存之款及以后新会员银行所缴入会费均为本公会基本金。

第三条　本公会出给新会员银行所缴入会费之收条应由董事长签章。

第四条　本公会基本金由董事会指定存入在会银行生息，非经会员会通过不得动用。

第五条　本公会遇有应付临时费之时，在若干元以上者，须经会员会通过方可照付。

第六条　本公会每月所付经常费或临时费应于下月五日以前由稽核会员与帐对无误后，再向会员银行按照原定摊成办法征收之。稽核委员选举法另定之。

第七条　本公会出给会员银行经常费或临时费之收条应由稽核会员签章。

第八条　本公会定每年自一月一日起至十二月三十一日止为一会计年度。

第九条　本公会每届会计年度之终决算一次，经董事会审核后，提出会员会通过。

第十条 本公会各项帐簿表报须由稽核会员及记帐员会同签章。

第二　帐簿

第十一条 本公会暂定帐簿如左：

一、主要簿

1. 日记帐

记帐法说明：逐款按照收付事实之性质判别会计科目之主格分列收付两方，并将摘要载入为转记总帐及各辅助簿之根据。

2. 总帐

记帐法说明：照本组织法之会计科目分户按日记帐上所载科目逐款转入为全体帐目之总清，并为彙造月计表之根据。

二、补助簿

1. 存欠各银行簿

记帐法说明：为补助存欠各银行科目之记载，以各银行行名分户，根据日记帐按各银行行名转记，并为决算时编制存欠各银行明细表之根据。

2. 经常费簿

记帐法说明：为补助经常费之记载，以该科目内细目分户，根据日记帐按经常费科目下之细目转记，并为决算时编制末年度经常、临时各费明细表一部分之根据。

第三　表报

第十二条 本公会暂定表报如左：

一、月计表 编制法说明：根据总帐各会计科目编制之，每月编制一次。

二、财产目录 编制法说明：根据总帐中属于财产之科目编制之，每届决算时编制一次。

三、存欠各银行明细表 编制法说明：根据存欠各银行簿按各银行户名编制之，每届决算时编制一次。

四、某年经常、临时各费明细表 编制法说明：根据经常费簿之各细目及总帐之临时费科目编制之，每届决算时编制一次。

第四　会计科目

第十三条　本公会暂定会计科目如左：

一、基本金 说明：本公会以前积存之款及以后新会员银行所缴之入会费均归此科目。

二、会员银行月费 说明：每月本公会所向会员银行征收之经常费或临时费均归此科目。

三、存欠各银行 说明：本公会存各银行或欠各银行款项均归此科目。

四、利息 说明：本公会存欠各银行利息或有价证券利息均归此科目。

五、暂记款项 说明：凡收入或支出之款一时无科目可归者均归此科目。

六、有价证券 说明：本公会如购置各项有价证券以补充基本金时，均归此科目。

七、房地产 说明：本公会如购置基地及建筑会所等款均归此科目。

八、器具装修 说明：本公会设备之器具及应行装修各物均归此科目。

九、现金 说明：凡以现金出入均归此科目。

十、经常费 说明：本公会经常费支出均归此科目，得分细目如下：

1. 薪津工食 延聘办事人员及雇用茶役之薪津工食属之。

2. 膳费 会员聚餐及办事人福食等均属之。

3. 房地租 本会所房屋未置以前所出之租赁费属之。

4. 保险费 如自置房屋后或器具等之保险费属之。

5. 修缮费 修理会所房屋或器具等属之。

6. 交际费 凡交际上支出款项属之。

7. 捐税 各项善举及公益捐、地方税等支出款项属之。

8. 邮电费 邮票、电报、电话等属之。

9. 旅费 派遣代表或办事员赴外埠公干支用款项属之。

10. 车马费 办事人员因公往本埠各处支用之车费等属之。

11. 广告费 登载报章之广告费属之。

12. 印刷费 印刷帐表单据或刊行报告等属之。

13. 文具书报费 购备笔墨纸张及书籍报章等属之。

14. 灯烛薪炭费 电灯、燃费及火炉所用劈柴、煤块等属之。

15. 杂费 零星支用而无相当细目可归者属之。

十一、临时费 说明：临时支用各款均归此科目。

第五 附则

第十四条 本公会出给各种收条之存根及各项用费之发单等件为记帐副证者，由记帐员注明年月日，列明科目，于每月汇报月计表时装订成册保管之。

第十五条 本组织法如有未尽事项，除照记帐通例办理外，得提出会员会议修改之。

J 天津银行公会各种报表

天津银行公会月结表

中华民国十二年十二月份

科　　目	收　　项	付　　项
资产类		
未收公会经费	壹仟贰百贰拾元零四角	
公会房产		
公会器具		
暂欠款项	九仟八百七拾元零八分	
现金	贰百五拾壹元壹角叁分	
负债类		
公会经费		壹仟贰百贰拾元零四角
借入款项		贰百四拾元零叁分
暂存款项		壹万壹仟壹百零贰元零叁分

续表

科目	收项	付项
损益类		
各项开支	壹仟贰百贰拾元零四角	
合计	壹万贰仟五百六拾贰元七角叁分	壹万贰仟五百六拾贰元七角叁分

天津银行公会月报表

民国十二年十二月份

科目	上月数	本月数	本期累计
俸薪工食	六拾四元四角	叁百九拾四元（内有本年同人奖励金叁百余元）	七百贰拾壹元四角
膳费	叁拾壹元	叁拾壹元	壹百九拾六元
交际费	六拾四元四角	八拾元零贰角（本月八日至二十九日聚餐会四次，每次洋贰拾元）	五百零叁元四角
房地费	四百四拾元零五分	四百叁拾五元叁角四分	贰仟六百四拾七元零七分
营缮费			拾八元

续表

科目	上月数	本月数	本期累计
邮电费	贰百九拾四元零六分	壹百六拾壹元贰角八分（上海、汉口两行市电报费并寄各处快信等费）	壹仟零八拾元零六角八分
车马费	贰元零壹分	四元八角三分	贰百七拾叁元八角九分
保险费			
印刷费	壹元贰角	壹元贰角	八元
广告费			
书籍报张费		拾五元六角（内有十一月份报费洋七元八角）	四拾五元六角四分
笔墨纸张费	六角		八元六角壹分
灯烛薪炭费		六拾九元七角五分（计炸煤等费叁拾壹元，电灯费拾余元，厨房煤炭费贰拾七元。）	叁百四拾八元叁角九分
诸税			
捐款	拾五元	拾五元	九拾元
杂费	拾叁元	拾贰元贰角	一百五拾叁元九角四分
合计	壹仟零五拾元五角六分	壹仟贰百贰拾元零四角	六仟零九拾五元零贰分

注：该月经费洋壹仟贰百贰拾元零四角，内有年终同人奖励金，故开支数常增多。现在会行二十一家，中、交、直三家各担全月三成，余十八家各担一成，计应按二十七成均摊；担一成行每该摊洋四拾五元贰角，担三成行每该摊洋壹百三拾五元六角，共总摊洋壹仟贰百贰拾元零四角。

天津银行公会决算表

中华民国十三年六月份

科 目	收 项	付 项
资产类		八百零壹元叁角六分
未收公会经费		
公会房产		贰拾六元九角五分
公会器具		
暂欠款项		壹万零六百拾壹元九角
现金		壹百贰拾五元四角八分
负债类		
公会经费	七仟零九拾壹元八角四分	
借入款项		壹仟壹百四拾元
暂存款项	壹万贰仟六百七拾八元七角四分	
损益类		
纯益		

续表

科目	收项	付项
纯损		七仟零六拾四元八角九分
合计	壹万九仟七百七拾元零五角八分	壹万九仟七百七拾元零五角八分

天津银行同业公会二十三年份付出经常费报告

查本会二十三年份付出经常费遵照预算案办理，各项固定经常费付出数目多与预算相符，各项活动经常费付出数目有增有减。所有本会二十三年份经常费连同员役酬劳金陆百捌拾肆元一款一并在内，共计壹万叁千肆百捌拾元玖角伍分，预算数目为壹万肆千伍百肆拾元。两数比较，尚余洋壹千零伍拾元零伍分。兹将各项经费数目开列于后：

计开

薪金工食　　　　　　　洋叁千贰百壹拾陆元

膳费　　　　　　　　　洋壹千柒百陆拾元

房地租　　　　　　　　洋叁千叁百陆拾元

修缮费　　　　　　　　洋壹百叁拾叁元叁角壹分

交际费　　　　　　　　洋壹百壹拾玖元

捐税　　　　　　　　　洋柒百玖拾元贰角

邮电费　　　　　　　　洋伍元玖角叁分

车马费　　　　　　　　洋伍元玖角壹分

广告费　　　　　　　　洋伍百壹拾玖元

印刷费　　　　　　　　洋壹拾贰元叁角

文具书报　　　　　　　洋贰百玖拾肆元肆角伍分

灯烛薪炭　　　　　　　洋玖百零柒元柒角捌分

杂费　　　　　　　　　洋肆百柒拾叁元零柒分

律师公费　　　　　　　洋壹千贰百元

员役酬金　　　　　　　洋陆百捌拾元玖角伍分

共计洋壹万叁千肆百捌拾元玖角伍分

稽核员（签章）

庶务员（签章）

天津市银行同业公会二十四年份经常费预算报告

薪金工食　　　　　　　计洋叁千五百元

膳费　　　　　　　　　计洋壹千柒百元

房地租　　　　　　　　计洋叁千叁百陆拾元

修缮费　　　　　　　　计洋叁百伍拾元

交际费　　　　　　　　计洋肆百元

捐款　　　　　　　　　计洋陆百元

邮电费　　　　　　　　计洋伍拾元

车马费　　　　　　　　计洋伍拾元

广告费　　　　　　　　计洋伍百元

印刷费　　　　　　　　计洋伍拾元

文具书报　　　　　　　计洋叁百元

灯烛薪炭　　　　　　　计洋壹千叁百元

杂费 　　　　　　　　　　计洋伍百元

律师公费 　　　　　　　　计洋壹千元

员役酬劳 　　　　　　　　计洋柒百元

共计洋壹万肆千叁百陆拾元

　　　　　　　　　　稽核委员（签章）

　　　　　　　　　　庶　务　员（签章）

K　天津市银行业同业公会俱乐部章程

（1936年7月）

一、宗旨

本俱乐部由银行业发起，欢迎各界参加，以"交换知识，联络感情，互通商业消息，同仁公余娱乐"为宗旨。

二、会员

本俱乐部会员分左列两种：一、基本会员　由本俱乐部延揽各银行重要职员担任，其常额暂以四十人为最少限度；二、普通会员　由基本会员就其所知广为介绍，其常额暂以一百人为最少限度。

三、入会

本俱乐部会员除基本会员由本俱乐部延揽外，凡愿为普通会员者，须有基本会员一人之介绍方能入会。

四、会费

本俱乐部会费规定如左：一、基本会员会费每月国币拾元；

二、普通会员每月国币伍元。

五、干事会

本俱乐部各项事务均归干事会管理，由基本会员互选总干事一人，任期两年，得连选连任。

六、常会

本俱乐部常会每年开会一次，由干事会召集之，其会务如下：甲、选举下届干事；乙、报告周年经费及详细帐目；丙、讨论应办及改革事项。

七、临时会

本俱乐部临时会无论何时得由干事会议决召集之，如有基本会员或普通会员二分之一以上署名之请求，干事会亦应随时召集之。

八、法定人数

本俱乐部常会及临时会以基本会员二分之一以上出席为法定人数，干事会以干事过半数出席为法定人数。会员遇有事故不能出席时，得委托其他会员代理。

九、退会

本俱乐部会员如遇有下列事项，应即解除会员资格：甲、会员函知干事会自愿辞退，经干事会认可；乙、会员经法律裁判宣告破产或犯刑事案件，致被监禁者；丙、会员无论在会内会外之行为有损本俱乐部之名誉，经干事会议决取消该会员之权利时；丁、会员欠缴会费及其他款项在三个月以上，延不交纳时。

十、陈述意见

会员对于本俱乐部如欲陈述意见，应具函送交干事会斟酌办理。

十一、俱乐部细则

本俱乐部办事细则、会计规则及各厅使用规则另订之。

十二、附则

本章程如须修改应于常会或临时会提出讨论之。

L 天津市银行业同业公会俱乐部办事细则

(1936 年 7 月)

一、本俱乐部各项事务根据章程应由干事会管理,兹规定办事细则以资遵守。

二、本俱乐部对外一切契约票据除应由本俱乐部盖章外,并须经总干事盖章或签字始为有效。但遇总干事出外时得委托其他干事一人代理之。

三、本俱乐部得任用办事员一人或数人,秉承干事会之命办理事项如左:甲、会费、佣金、租金及其他款项之收付;乙、记写帐册并编制预算、决算报告;丙、办理文书事件;丁、契约、票据、证书、图章之保管;戊、侍役之管束及进退;己、各厅室之布置及接洽,租赁事项;庚、物品之购置及保管;辛、其他各种事务。

四、办事员之薪金由干事会定之,每月十五日支付,不得预支。

五、办事员得在本俱乐部寄宿,其膳费由本俱乐部供给。

六、办事员于初任职时应备具保证书呈请干事会核夺。

七、各厅室应随时注意清洁，并为消防之设备。

八、本俱乐部一切器具应编号立簿登记，不得出借其价值较巨者，并得酌量保险。

九、本细则如有未尽事宜得由干事会提交会员常会或临时会讨论修正之。

M 天津市银行业钱业同业公会合组公库简章

（1932年7月）

一、天津银钱两业为便利划拨汇兑及调剂同业金融起见，特联合组织公库。暂假"天津市银行业同业公会"为办事地点，另觅妥当库房为寄顿现洋之所。

二、本埠中外各银行号及外国银行华帐房，不论是否银钱两会之会员，均得加入本公库称为会员银行或银号。

三、本公库设理事会主持全库事务，由会员银行号就中外银行号之首领中自由投票选举理事十一人，候补理事五人。

四、选举人以机关（即每一银行或每一银号）为单位，被选举人不论其机关是否加入本公库均得被选。

五、本公库设常务理事五人，由理事互选；设库长一人，由董事会于常务理事中公推一人兼任之。库长有事故不能执行职务时，由理事会于其他常务理事中暂推一人代理。

六、本公库常务理事应当常到库视事，除兼任库长之常务理事外，其余常务理事四人预定轮流次序，每星期以一人担任主席。每逢星期六、日理事会开常会一次，遇有要事由主席召集临时会议，凡属本公库对外事务，非经理事会议决不生效力。常务理事及理事因事不能出席时，得委托其他理事或候补理事为代表。

七、本公库设监事五人，候补监事二人，照第三、第四两条办法选举之。监事随时稽核本公库一切帐目，检查库款及每期审核决算，并对于本办法第十七、十八、十九等条事项监察其当否，必要时得提出意见于理事会，以协助其考核或纠正之。监事出缺由候补监事递补。

八、本公库理事及监事任期均为一年，期满改选，连举得连任，库长同。

九、本公库除库长按第五条办法由常务理事兼任外，下设总帐员一人，办事员若干人，均由库长商同理事会选用。

十、本公库理事、监事均为义务职，库长及其他职员薪给由理事会订定之。

十一、本公库库长执行理事会议决事项，商同常务理事处理本会一切事宜，其日常事务由总帐员秉承常务理事及库长率同各办事员办理。

十二、本公库每半年决算须由理事会定期召集全体会员通常会议，报告帐目及办理情形。

十三、本公库遇有重大事项应由理事会召集全体会员临时会议。全体会员十分之三以上认为有召集临时会议必要时，得请由理事会召集之。

十四、全体会员通常会议或临时会议每一会员有一议决权，以全体会员三分之二以上到会及到会会员三分之二以上决议之。

十五、本公库收受会员银行号现洋存款应否给予利息及其利率暨每户存款给息限度，由理事会体察市面情形每三个月议定一次。

十六、会员银行号拨用存款时，开具公库公单以便划拨；凡属会员银行号，对于此项公单不得拒收。如遇周转困难，得向公库陈述理由，酌代设法调剂。

十七、本公库得就所存现洋内以一部分寄存理事会指定之银行号。

十八、本公库得应市面需要逐日酌定拆息验牌，公布对会员银行号拆放款项，但此项拆放须有相当担保品，其种类及办法由理事会临时审核决定。

十九、本公库对会员银行号收做现洋申汇（收现解现），其逐日收做额度及汇费由库长商同常务理事按照市面情形议定公布。

二十、本公库每半年办理决算一次，其损益由会员银行号共同担任，其分担数目及办法另定之。

二十一、本公库办事规则由理事会订定之。

二十二、本办法自呈奉主管机关核准之日起实行。

N 维持省钞基金委员会合同草约

（1927年10月11日）

一、直隶省银行所发行之钞票五百六十万元，兹依照维持省钞基金委员会议决案呈奉直隶省长核定，以二百八十万元归天津全埠各行商担保流通，盖戳行使；以二百八十万元归各县担任，并由直隶各公团视察整理，以维市面金融。其各行商分任担保之数目由各行商自行立公约订定之，其各县应担之数由省政府负责筹集，一俟省政府筹足，即由委员会盖戳，一律行使。

二、前条担保流通省钞，由省政府指定以增加芦盐产捐每包四元作为兑现准备基金，其征解及保管手续另定之。

三、由直隶省议会、直隶商会联合会、直隶农会、天津总商会、银行公会、钱商公会、长芦盐纲公所七公团各推代表三员，直隶财政厅、省银行各派三员，公同组织"维持省钞基金委员会"（下称委员会）。所有关于维持省钞之一切事务属于本合同范围以内者，均由该委员会随时直接与各官署及各机关接洽办理。但遇有重要事件非委员会所能决定者，应由上列各公团分别自行召集会议，将决定之意见汇同提交委员会议决之。

四、前项增加之芦盐产捐，由委员会指定银行为收款之机关，盐商于运盐出坨之日，将应交捐款按包算定，开具两个半月期条交由指定银行收存，到期兑现，另由运署令知所属各坨务委员，于填报生盐出坨数目、日期表时，每份分填三张，由运署转送委员会暨指定收款之银行，以资考查。前项报数应纳之产捐，而私行起运出境者，属于芦纲公所之盐商应由芦纲公所负补偿之责，其不属于芦纲公所者应由盐运使负追索补偿之责，以昭郑重，而固基金。

五、前项增加芦盐产捐系专为维持省钞基金之用，非俟收足五百六十万元与担保流通之钞额相等时，无论长芦盐务官商两方有无改革，以及中央、地方各项税捐、协饷等款有无增减，政府对于前项新加之产捐，应于始终维持原案，不得变更。关于此节，应由直隶财政厅、长芦盐运使呈请直隶省政府核准，转咨财政部盐务署暨直隶省议会通过备案，并行知直隶商会联合会、直隶省农会、天津总商会、银行公会、钱商公会、长芦盐纲公所一体查照。

六、银行收到基金数目，应按旬报告委员会，每届月底，由委员会登报公布一次，并随时报告省政府备案。

七、省政府公布市面流通省钞以经委员会盖戳换发之新钞为限，此项新钞应与现洋一律行使，其盖戳及换发之方法应尽先将各行商已报商会之数目换发新钞，其余细则另定之。

八、盖戳省钞得缴纳本省田赋、税捐以及各交通机关应收之价款等类，应由省政府通令各县征收机关暨各交通机关一律照办。

九、各行商担保省钞流通，视基金能否履行原议为主。倘基金收入中途或有停顿，则维持效力等于丧失，各行商收受省钞之责任，即不能不随之解除，设因此省钞流通发生障碍，各行商不负责任。

十、设将来省钞流通复有障碍，致各行商担保之款无着时，应将省银行资产优先处分，以备抵偿损失。

十一、凡应付本省官厅及省银行之一切款项，无论省钞流通如何情形，均得以省钞支付。

十二、本合同议定后，先立草约，俟省政府及盐商将下列先决条件完全照办后，再行另换正式合同，签订实行。

先决条件大纲

甲、由委员会公举会计师，将省银行已发行、未发行之新旧钞票数目及其号码暨已经销毁之钞票及其号码，一并查明切实，刊表公布。

乙、由委员会在省银行未发行之新钞票内，提出二百八十万元，加盖戳记，即以此项盖戳新钞换回省行以前所发行之钞票二百八十万元。

丙、除盖戳之钞票外，其余省银行已发行之旧钞票二百八十万元，由政府依照第一条负责办理。

丁、换发盖戳新钞，应由委员会议定限期，陈请省政府出示布告，限满或已足额即行截止。

戊、关于芦盐增加产捐每包四元一案，除由省政府按照本合同第五条办法将全部手续办妥分别咨行外，并应由芦纲公所及各盐商公同函致直隶省议会、直隶商会联合会、直隶省农会、天津总商会、银钱公会承认照办。

己、省行钞票既由各公团遵照省长核定之数目公同维持，所有该行事务，应即统筹整理，其整理方案由委员会建议省政府核定施行之。

十三、本合同草约由直隶财政厅、长芦盐运使、直隶省议会、直隶商会联合会、直隶省农会、天津总商会、银行公会、银钱公会、长芦盐纲公所共同签字为凭。将来正式合同内，长芦众商及担保之各行商应一律列名签字。

十四、本合同俟省政府筹有充分兑现办法实行后，即行解除之。

十五、草约内议定各条如尚有不甚详尽者,应俟订立正式合同时修正之。

直隶省议会　边守靖　王正瑾代

直隶商会联合会　张兴汉

直隶省农会　周　祜

天津总商会　张仲元

天津银行公会　卞寿孙

天津钱商公会　朱嘉宽

长芦盐纲公所　郭春麟　王益保代

直隶财政厅　李福源

长芦盐运使公署　任师尚

直隶省银行　张安泰　张承化

中华民国十六年十月十一日

O 维持省钞基金委员会章程

（1927 年 10 月 26 日）

（一）宗旨

一、本会以维持省钞担保流通并保管基金为宗旨。

（二）名称

二、本会定名维持省钞基金委员会。

（三）地址

三、本会设于法租界工部局对过。

（四）组织

四、本会以左列各委员组织之：

直隶省议会代表三人

直隶商会联合会代表三人

直隶省农会代表三人

天津总商会代表三人

天津银行公会代表三人

天津钱商公会①代表三人

长芦盐纲公所三人

直隶财政厅派员三人

直隶省银行派员三人

以上七公团及财政厅、省银行几机关九处，共计委员二十七人。

五、本会设理事部，由各机关代表中各推选理事一人，共九人。如理事有事故不暇到会时，得委托其他委员代理之。由理事互选理事长一人，副理事长二人。

（五）职务

六、理事长办理本会一切事宜，副理事长协助办理本会一切事宜，理事六人分担考察左列各项事务：

（一）文牍；（二）兑换 管理换发新钞及收回旧钞等事；（三）会计 管理基金账目及编制报告等事；（四）其他本会事务。

上列各项事务，由正副理事长会同理事斟酌繁简，遴选事务

---

① 档案内原文为"钱行公会"，疑为笔误——笔者按。

员办理，其办事细则另定之。

（六）会议

七、本会以原组之机关为主体会议时，每一人有一表决权。

八、本会委员会议分左列两种：

（一）常会每星期六日举行一次，以便理事部报告一切；（二）临时会由理事部之议决，或委员七人以上之提议，由理事长召集之。

九、凡会议须出席之委员占原组机关三分之二方能开议，凡议事以出席过半数之表决通过之。

十、遇有重要事件非本会所能决定者，应即通知原组之九机关，分别自行集议，提出意见汇交本会议决之。

（七）换票手续

十一、应换新票二百八十万元由本会监督印刷局加印中英文戳记，并另编号码，均应立簿登记。

十二、本会俟新票盖戳手续办妥即行议定换票日期，陈请省政府公布。一面由总商会先行核计各行商及省钞持票人所报数目之多寡，排定分日缴票次序，布告各该户查照。

十三、各行商及省钞持票人应依总商会排定日期，各按报告数目将所存省钞送至本会，由省银行所派人员点验无讹，再由本会照收填发收据（收据用三联式，以一联给缴票人，一联送商会，一联存本会），于换票开始之日起持向本会换领盖戳新票。

十四、前项收回旧票省银行经手点验之员应负鉴别之责。

十五、按照合同办法，本埠各行商担保省钞流通定额为二百八十万元，应尽先将各行商所报商会之数换发盖戳新票。其余二百八十万元俟省政府筹妥基金，再由本会照数加印盖戳新票换发。但各行商所缴旧票数目倘合计有溢出二百八十万元情事，其溢出之数应在各行商所缴数目内按成平均摊减，以昭公允。该项摊减之票，应俟第二批二百八十万元换发新票时再行换发。

十六、关于各县商民如存有省钞，应由各该县商会用工式公函直接报告本会或由商会联合会转行报告，按照公布日期及换发手续换领盖戳省钞。

十七、本会收回旧票保管方法，由委员会议公同决定之。

（八）保管基金

十八、按照合同以增加芦盐产捐每包四元为盖戳省钞兑现之基金，此项基金之收款银行由委员会议公同决定之。

十九、收存基金银行应将所有数目分现款及期票两种，按旬报告本会每届月终由本会登报公布，并分报直隶省长公署、财政厅长、长芦盐运使公署、直隶省银行各一次。

二十、前项基金动用时须经委员会之议决，出具公函始得向银行提取，此外无论任何方面概不能动用。

二十一、省政府因维持其余省钞二百八十万元，如将其他款项拨交本会充作基金时，本会亦当为之保管；其保管手续按照第十七、十八、十九等条办理。

二十二、各方面所认担保维持省钞之款，应照本会规定之存据格式书立存据若干纸交由本会保管。

二十三、前项存据之款遇必要时，本会得酌量情形分别提取。

（九）经费

二十四、本会各项开支及新票加印戳记等费均由省银行担负之。

（十）附则

二十五、其余关于维持省钞合同范围以内之事务，以及草约内先决条件所订明者，均由本会分别办理。

二十六、本章程经全体委员议决实行，如有未尽事宜随时由委员会公议修正之。

P　津埠各行商担保流通省钞公约

（1927年11月14日）

天津全埠各行商按照直隶省议会、直隶商会联合会、直隶省农会、天津总商会、银行公会、钱商公会、长芦盐纲公所七公团及众行商与直隶财政厅长芦盐运使所订合同，共同维持直隶省银行钞票，担保流通，其总额以二百八十万元为度。兹由各行商议定公约如左：

一、各行商分认担保款项数目如下：

银行公会	一百四十万元
钱商公会	四十万元
芦纲公所	三十万元
纱厂	十万元
面粉公司	八万元

木商	三万元
茶商	三万元
行商公所	三万元
当行公所	三万元
海货商	一万五千元
杂货商	一万五千元
门市洋布	九千二百元
皮货商	六千元
酒商	九千元
绸布商	九万元
三津磨房	一万五千元
织染	三千元
新五金	一万元
油商	三千元
药商	一万元
鞋商	一万元
帽商	一万元
估衣商	一千五百元
书商	三千元
洋广杂货	二万元
灰煤商	八千元
染商	四千元
西药商	一万元
干鲜果品	八千元

颜料商	六千元
大米商	一万五千元
竹货商	六千元
姜商	六千元
南纸商	三千元
磁商	五千元
酱园	三千元
洋镜	三千元
布线商	一千五百元
西路栈房	三千元
洋纸商	一万元
金珠首饰	一万元
炭商	一千五百元
冰窖	一千五百元
胶皮	一千五百元
斗店	一万元
栈房商转运公会	三千元
砖瓦商	六千元
地毯	三千元
旧五金	一千元
汇兑	三千元
火柴公司	一万五千元
澡堂	三千元
饭庄	五千元

商场	二千八百元
羊马商	一千五百元
电料	二千元
质铺	六千元
牛商	一千五百元
自行车	一千五百元

以上共计二百八十万元

二、各行商所认担保之款仍存各该户并不交与任何机关，亦不能由任何机关提取，系专备将来万一省钞不能行使时，分担损失之用。此项担保之款应由各该户书立存据，交由该业公会或总商会送交直隶省钞维持委员会保管。

三、各行商担保流通生抽，以经委员会盖戳换发之新钞票为限，此项新钞与现洋一律行使。设各业中有借词拒绝不收者，则其他各户得对之停止往来，不与交易。

四、各行商所收省钞倘有一时缺乏用途者，可互商转用，以期流通。

五、按照维持省钞合同第九条办法内载，如指作省钞基金之新增芦盐产捐收入，中途或停顿，则各行商担保流通之责任即不能不随之解除等语。倘届解除此项责任时，而各行商所存省钞除以已收之基金按成均摊抵偿一部分外，尚有不敷，其不敷之数应即由各行商所认担保款内按成提取，以资摊还。此项办法系属共同担保之精神，在本公约签字之各行商届时不得稍有异议。

六、前项担保之款既为维持本埠金融起见，乃市面第一优先债权，倘将来各该户有违约不付情事，应由七公团负责向其交涉。

　　七、如按合同第十条办法处分直隶省银行资产时，其所得之款应即摊还各行商之损失，有余交还省政府，不足仍由七公团负责向省政府交涉，另行拨款补足。

　　八、此项公约共缮二份，由维持直隶省钞委员会、天津总商会各保存一份，以资凭证。

　　九、此项公约如有未尽事宜，得由各行商以过半数之提议提出，公同议决修改之。

参考文献

一　未刊档案

[1]《天津银行公会组织沿革摘录》(1937年),天津市档案馆,档案号:J0129-002-001004-017。

[2]《天津市金融业同业公会全体会员大会会议记录》(1952年9月17日),天津市档案馆藏天津市各业同业公会档案J0204-002-000931。

[3]《天津银行公会办事细则》(1919年5月26日),天津市档案馆藏天津市各业同业公会档案,档案号:J0202-1-0396。

[4]《为创设银行公会与市商务总会的往来函(附银行公会办事细则)》(1918年6月10日),天津市档案馆藏天津市各业同业公会档案,档案号:J0128-2-1313。

[5]《天津银行公会组织沿革摘录》(1937年),天津市档案馆藏天津市各业同业公会档案,档案号:J0129-002-001004-017。

[6]《天津银行公会办事细则》(1918年6月10日),天津市档案馆藏天津市商会档案,档案号:J0128-2-1313。

[7]《直隶省银行为摊接受证券交易所股款事函天津银行公

会》（1920年3月19日），天津市档案馆藏天津市各业同业公会档案，档案号：J0129-2-1617。

[8]《天津银行公会各项开支月报表》（1923年10月），天津市档案馆藏中南银行天津分行档案，档案号：J0212-1-0797。

[9]《天津银行公会各项开支月报表》（1925年1月），天津市档案馆藏金城银行天津分行档案，档案号：J0211-1-0669。

[10]《二十一年六月二十一日会员会议记录》（1932年6月21日），天津市档案馆藏中国银行天津分行档案，档案号：J0161-2-0873。

[11]《接收中南等9银行钞票及准备金办法》（1935年11月25日），天津市档案馆藏天津市各业同业公会档案，档案号：J0129-3-5023。

[12]《致银行公会为值年管理襄理职务公推连任一年期满建议按办事细则办事不能再公推连任的函》（1920年1月），天津市档案馆藏天津市各业同业公会档案，档案号：J0129-002-001617-033。

[13]《致各会员关于本会值年各银行业经照章签定请查照的函》（1920年1月15日），天津市档案馆藏天津市各业同业公会档案，档案号：J0129-002-001617-001。

[14]《天津银行公会董事会简章》（1920年12月7日），天津市档案馆藏天津市各业同业公会档案，档案号：J0129-2-001588-034。

[15]《为会员临时会议召开程序致会员函》（1920年7月26日），天津市档案馆藏中国实业银行天津分行档案，档案号：

J0202-1-0396。

[16]《天津银行公会致会员函》(1921年3月24日),天津市档案馆藏中国实业银行天津分行档案,档案号:J0202-1-0396。

[17]《为八月一日施行便利营业联络感情办法的通知复银行公会函》(1924年7月14日),天津市档案馆藏天津市各业同业公会档案,档案号:J0129-3-5476。

[18]《为送修改本会章程致天津总商会的函》(1930年2月8日),天津市档案馆藏天津市商会档案,档案号:J0128-3-006313-045。

[19]《关于本会依法改组情况的会议记录》《1931年3月8日》,天津市档案馆藏天津市各业同业公会档案,档案号:J0129-2-1002-004。

[20]《天津银行公会执行委员会会议记录》(1935年9月18日),天津市档案馆藏中国实业银行天津分行档案,档案号:J0202-1-0414。

[21]《天津银行公会致会员函》《1935年9月27日》,天津市档案馆藏中国实业银行天津分行档案,档案号:J0161-1-1180。

[22]《二十年第一次会员会议记录》(1931年1月17日),天津市档案馆藏中国实业银行天津分行档案,档案号:J0202-1-0396。

[23]《为送十九年一月四日通过之公会章程函会员(附章程)》(1930年2月8日),档案号:J0161-1-0865。

[24]《为送公会章程致天津市商会函(附章程三份)》(1931年7月1日),天津市档案馆藏天津市商会档案,档案号:

J0128-3-006617-004。

[25]《三月二十九日会员会议议决录》(1924年3月29日),天津市档案馆藏天津市各业同业公会档案,档案号:J0129-2-1016-006。

[26]《稽核会员致会员函》(1924年8月),天津市档案馆藏大陆银行天津分行档案,档案号:J0216-1-0198。

[27]《会计庶务员办事细则》(1928年3月),天津市档案馆藏天津市各业同业公会档案,档案号:J0129-3-5362-020。

[28]《天津银行公会各项开支月报表》(1924年8月),天津市档案馆藏中南银行天津分行档案,档案号:J0212-1-0891。

[29]《天津银行公会办事细则》(1918年6月10日),天津市档案馆藏天津市商会档案,档案号:J0128-2-1313。

[30]《七月二十五日临时会员会议》(1920年7月25日),天津市档案馆藏天津市各业同业公会档案,档案号:J0129-2-1009。

[31]《天津银行公会致会员函》(1930年10月20日),天津市档案馆藏中国实业银行天津分行档案,档案号:J0202-1-0403。

[32]《二十五年八月十三日执行委员谈话会记录》(1936年8月13日),天津市档案馆藏中国实业银行天津分行档案,档案号:J0202-1-0416。

[33]《二十五年九月二十三日第三十二次执行委员会会议》(1936年9月23日),天津市档案馆藏中国实业银行天津分行档案,档案号:J0202-1-0416。

[34]《银行公会开支月报表》(1923年),天津市档案馆藏金城银行天津分行档案,档案号:J0211-1-0445。

[35]《天津银行公会致会员函的附件〈工商同业公会章程准则〉》(1936年10月30日),天津市档案馆藏中国银行天津分行档案,档案号:J0161-1-001274。

[36]《天津银行公会试办章程》(1918年2月14日),天津市档案馆藏新华信托储蓄商业银行天津分行档案,档案号:J0203-1-1071。

[37]《会员行与本会律师关于照章修改本会章程事致公会的函》(1936年11月16日),天津市档案馆藏天津市各业同业公会档案,档案号:J0129-2-001600。

[38]《致银行公会为今后节假日放假日期各行应该统一的函》(1918年3月26日),天津市档案馆藏天津市各业同业公会档案,档案号:J0129-2-1612-041。

[39]《关于放假日期文件》(1921年5月),天津市档案馆藏天津市各业同业公会档案,档案号:J0129-3-5394。

[40]《关于银行例假登广告费事宜给天津银行公会的函》(1924年9月24日),天津市档案馆藏天津市各业同业公会档案,档案号:J0129-002-001603-016。

[41]《为增加聚餐次数致会员函》(1935年6月10日),天津市档案馆藏中国实业银行天津分行档案,档案号:J0202-1-0413。

[42]《天津市银行业同业公会俱乐部章程》和《天津市银行业同业公会银行俱乐部办事细则》(1936年7月25日),天津

市档案馆藏中国银行天津分行档案，档案号：J0161-1-1274。

[43]《致中国银行为复津沪银洋行市本会概不与闻无从开报的函》（1919年1月14日），天津市档案馆藏天津市各业同业公会档案，档案号：J0129-2-001612-011。

[44]《二月十八日会员会议议决录》（1922年2月18日），天津市档案馆藏天津市各业同业公会档案，档案号：J0129-002-001015-006。

[45]《二月二十五日会员会议议决录》（1922年2月25日），天津市档案馆藏天津市各业同业公会档案，档案号：J0129-002-001015-007。

[46]《致各会员行为告知已托沪浙江兴业银行按日发洋厘拆息两项行市的函》（1922年3月13日），天津市档案馆藏天津市各业同业公会档案，档案号：J0129-002-001615-036。

[47]《三月二十四日会员会议议决录》（1923年3月24日），天津市档案馆藏天津市各业同业公会档案，档案号：J0129-002-001620。

[48]《浙江兴业银行函公会停止拍发行市》（1933年3月20日），天津市档案馆藏天津市各业同业公会档案，档案号：J0129-3-5334。

[49]《关于请呼吁金融界在本报多登广告函》（1927年1月26日），天津市档案馆藏天津市各业同业公会档案，档案号：J0129-003-005379-038。

[50]《关于刊登广告的问题》（1936年1月27日），天津市档案馆藏天津市各业同业公会档案，档案号：J0129-003-

005416-033。

[51]《十一月二十四日会员会议议决录》(1924年11月27日)，天津市档案馆藏浙江兴业银行天津分行档案，档案号：J0204-1-0887。

[52]《会员会议为接济劝业银行开兑的会议记录》(1924年8月27日)，天津市档案馆藏天津市各业同业公会档案，档案号：J0129-002-001016-015。

[53]《天津银行钱商相互维持金融之公约》(1927年9月)，天津市档案馆藏天津市各业同业公会档案，档案号：J0129-002-001625-082。

[54]《关于组建金融维持会准予备案事给银行钱商公会函》(1924年10月16日)，天津市档案馆藏天津市商会档案，档案号：J0128-2-000630-005。

[55]《银行公会请颁布告晓谕人民各银行兑现之角票钞票一律通用》(1928年12月12日)，天津市档案馆藏天津市财政局档案，档案号：J0054-2-0348。

[56]《关于本埠金融奇紧议决救济办法及维持同上办法的会议记录》(1928年12月12日)，天津市档案馆藏天津市各业同业公会档案，档案号：J0129-002-001585。

[57]《关于报告天津劝业银行钞票停兑及北平农商银行停业情况经议决维持市面金融办法的会议记录》(1929年3月28日)，天津市档案馆藏天津市各业同业公会档案，档案号：J0129-002-001585-040。

[58]《关于议决维持同业办法仍继续有效等问题的会议记

录》（1929年8月6日），天津市档案馆藏天津市各业同业公会档案，档案号：J0129-002-001585。

[59]《致天津银行公会为派本部高朔前往京津沪汉等地调查现行票据情形的公函》（1921年10月11日），天津市档案馆藏天津市各业同业公会档案，档案号：J0129-002-001614-074。

[60]《致天津银行公会关于银行划票支票应如何贴用印花请拟定办法见复的公函》（1920年6月2日），天津市档案馆藏天津市各业同业公会档案，档案号：J0129-2-1617-042。

[61]《致银行公会关于银行支票及类似支票之凭证账簿贴用印花的公函》（1920年11月8日），天津市档案馆藏天津市各业同业公会档案，档案号：J0129-2-1617-061。

[62]《关于支票贴用印花拟呈部暂缓实行等问题董事会的议案》（1920年11月12日），天津市档案馆藏天津市各业同业公会档案，档案号：J0129-2-1588-017。

[63]《九年十二月二十四日临时董事会议》（1920年12月24日），天津市档案馆藏天津市各业同业公会档案，档案号：J0129-2-1590。

[64]《关于支票贴印花是否华商洋商一律执行请印花税处答复再议的会议记录》（1925年8月22日），天津市档案馆藏天津市各业同业公会档案，档案号：J0129-2-1587-012。

[65]《关于通告存款户从九月一日开始支票贴印花事的会议记录》（1925年8月31日），天津市档案馆藏天津市各业同业公会档案，档案号：J0129-2-1587-014。

[66]《为陈请财政部印花税局修正税法仍照原办法贴用印花

税票事致总商会的函》（1928年8月10日），天津市档案馆藏天津市商会档案，档案号：J0128-3-006130-044。

［67］《为抄支票按累进贴用印花缓行办理电稿致总商会的函（附电稿）》（1928年10月16日），天津市档案馆藏天津市商会档案，档案号：J0128-3-006130-056。

［68］《为转催银行公会等各业按新税率贴用印花事致天津总商会的函》（1928年11月17日），天津市档案馆藏天津市商会档案，档案号：J0128-3-006130-081。

［69］《为请按新税率贴用印花事致银行公会的函》（1928年11月19日），天津市档案馆藏天津市商会档案，档案号：J0128-3-006130-082。

［70］《为一致力争免增重税电稿致总商会的函（附电稿）》（1928年11月22日），天津市档案馆藏天津市商会档案，档案号：J0128-3-6130-086。

［71］《为准予从缓办理支票贴用印花事致天津总商会函》（1929年6月4日），天津市档案馆藏天津市商会档案，档案号：J0128-3-006287-045。

［72］《为报对新印花税法之意见事与天津总商会往来函件（附致上海银行业同业公会的函）》（1935年5月29日），天津市档案馆藏天津市商会档案，档案号：J0128-3-007238-028。

［73］《关于银行支票免贴印花的公告》（1936年2月23日），天津市档案馆藏天津市各业同业公会档案，档案号：J0129-2-1589-001。

［74］《关于支票免贴印花一案国民政府已照准给天津银行公

会的函》（1936年2月19日），天津市档案馆藏天津市各业同业公会档案，档案号：J0129-002-001589-004。

[75]《关于借款文件》（1932年7月27日），天津市档案馆藏天津市各业同业公会档案，档案号：J0129-003-005369。

[76]《天津市各银行行名地址清册二十五年十月三十一日》（1936年10月31日），天津市档案馆藏天津市社会局档案，档案号：J0025-3-000247-015。

[77]《长芦盐运使公署 直隶财政厅公函》（1928年5月28日），天津市档案馆藏天津市各业同业公会档案，档案号：J0129-3-5320。

[78]《褚玉璞致天津银行公会函》（1928年6月6日），天津市档案馆藏天津市各业同业公会档案，档案号：J0129-3-5320。

[79]《关于省当局借款实感困难最好先清理旧债再议借款的会议记录》（1926年3月29日），天津市档案馆藏天津市各业同业公会档案，档案号：J0129-002-001586-009。

[80]《致银行公会为围墙当即动工房地摊款措手不及请暂由贵会借垫以房地摊款作抵的函》（1920年4月13日），天津市档案馆藏天津市各业同业公会档案，档案号：J0129-002-001617-034。

[81]《致津西南隅筑围事务所为复围墙借款能以活动品抵押即可照办》（1920年4月18日），天津市档案馆藏天津市各业同业公会档案，档案号：J0129-002-001617-006。

[82]《天津银行公会会议记录》（1932年8月6日），天津市档案馆藏中国银行天津分行档案，档案号：J0161-2-000873。

[83]《十月二十四日董事会议案》(1920年10月24日),天津市档案馆藏天津市各业同业公会档案,档案号:J0129-2-001590。

[84]《一月十四日银行公会会员会议记录》(1928年1月14日),天津市档案馆藏浙江兴业银行天津分行档案,档案号:J0204-1-0891。

[85]《二十四年一月十八日天津银行同业公会会议记录》(1935年1月18日),天津市档案馆藏中国实业银行天津分行档案,档案号:J0202-1-0413。

[86]《二十四年一月二十五日天津银行同业公会会议记录》(1935年1月25日),天津市档案馆藏中国实业银行天津分行档案,档案号:J0202-1-0413。

[87]《二十四年一月二十九日天津银行同业公会会议记录》(1935年1月29日),天津市档案馆藏中国实业银行天津分行档案,档案号:J0202-1-0413。

[88]《关于请将公债举行抽签登报公布届期发付本息号码致直隶财政厅复函》(1927年4月28日),天津市档案馆藏天津市各业同业公会档案,档案号:J0129-002-001599-070。

[89]《会员致银行公会函》(1923年4月5日),天津市档案馆藏天津市各业同业公会档案,档案号:J0129-3-5478。

[90]《交通部公函》,天津市档案馆藏天津市各业同业公会档案,档案号:J0129-3-5478,1923年4月13日。

[91]《为维持公债信用持票人免受延期损失省银行补发息金一月给天津银行公会的函》(1925年2月3日),天津市档案馆藏

天津市各业同业公会档案，档案号：J0129-002-001605-027。

[92]《关于省府对成之债务不讲信用以再借款应力慎重对旧债务应拨基金呈报省长》（1926年2月1日），天津市档案馆藏天津市各业同业公会档案，档案号：J0129-002-001586。

[93]《关于财厅公债整理偿还期限待函到后再议另派县省公债20万元不能认购会议记录》（1926年12月18日），天津市档案馆藏天津市各业同业公会档案，档案号：J0129-002-001586。

[94]《八月四日会员会议议决录》（1926年8月4日），天津市档案馆藏中国实业银行天津分行档案，档案号：J0202-1-0400。

[95]《为库存准备金每月报告等事与天津银行公会来往公函》（1922年1月12日），天津市档案馆藏天津市商会档案：J0128-3-005420-001。

[96]《一月二十一日会员会议》（1922年1月21日），天津市档案馆藏天津市各业同业公会档案，档案号：J0129-2-1015-003。

[97]《为巩固钞券信用筹议办法等事致天津银行公会函》（1922年3月30日），天津市档案馆藏天津市商会档案，档案号：J0128-3-005420-002。

[98]《四月八日会员会议》（1922年4月8日），天津市档案馆藏天津市各业同业公会档案，档案号：J0129-2-1015-010。

[99]《为检查准备金派委员参加等事致天津总商会》（1922年4月12日），天津市档案馆藏天津市商会档案，档案号：J0128-3-005420-006。

[100]《为检查库存准备金等事与天津银行公会往来函》（1923年5月28日），天津市档案馆藏天津市商会档案，档案号：J0128-3-005420-011。

[101]《为每月定期检查准备金事致天津银行公会函》（1923年6月9日），天津市档案馆藏天津市商会档案，档案号：J0128-3-005420-013。

[102]《关于交行请求检查准备金事函》（1922年10月03日），天津市档案馆藏天津市各业同业公会档案，档案号：J0129-3-5375-024。

[103]《直隶省银行为检查准备事复天津银行公会函》（1923年7月9日），天津市档案馆藏天津市各业同业公会档案，档案号：J0129-3-005438。

[104]《十月十四日会员会议议决录》（1922年10月14日），天津市档案馆藏金城银行天津分行档案，档案号：J0211-1-0255。

[105]《为华义银行请检查准备昭示信用函银钱业合组公库》（1934年11月5日），天津市档案馆藏天津市各业同业公会档案，档案号：J0129-3-005363。

[106]《为丝茶银行钞票停兑事致天津银行公会函》（1928年8月2日），天津市档案馆藏天津市商会档案，档案号：J0128-3-006176-004。

[107]《四月十五日、十七日会员会议议决录》（1922年4月），天津市档案馆藏金城银行天津分行档案，档案号：J0211-1-0255。

[108]《维持省钞专案》（1927），天津市档案馆藏天津市各

247

业同业公会档案，档案号：J0129-3-5461。

[109]《天津银行公会致会员函》（1927年4月28日），天津市档案馆藏中国实业银行档案，档案号：J0202-1-0401。

[110]《天津总商会布告》（1927年5月29日），天津市档案馆藏天津市各业同业公会档案，档案号：J0129-3-5461。

[111]《直隶省维持省钞筹备会呈，为呈报维持省钞情形恳乞鉴核施行事》（1927年7月20日），天津市档案馆藏天津市各业同业公会档案，档案号：J0129-3-5461。

[112]《维持省钞基金委员会合同草约》（1927年10月11日），天津市档案馆藏大陆银行总经理处档案：J0215-1-000709。

[113]《维持省钞基金委员会章程》（1927年10月26日），天津市档案馆藏天津市各业同业公会档案，档案号：J0129-3-5461。

[114]《天津银行公会担保流通省钞一百四十万之案》（1927），天津市档案馆藏大陆银行总经理处档案，档案号：J0215-1-0709。

[115]《为转知省行钞票一律通用事致函各会员行》（1927年4月28日），档案号：J0202-1-0401。

[116]《为财政厅向各行订借款事致维持省钞基金委员会理事部函》（1927年11月18日），天津市档案馆藏天津市商会档案：档案号：J0128-3-006086-002。

[117]《为讨论救济市面金融事问题会议记录》（1921年11月19日），天津市档案馆藏天津市各业同业公会档案，档案号：J0129-2-001009-024。

［118］《为报告一周以来市面金融事问题的会议记录》（1921年11月26日），天津市档案馆藏天津市各业同业公会档案，档案号：J0129-2-001009-025。

二　史料集、日记、档案汇编

［119］黑广菊、夏秀丽：《中南银行档案史料选编》，天津人民出版社，2013。

［120］中国人民银行总行参事室金融史料组：《中国近代货币史资料》，中华书局，1964。

［121］中国人民政治协商会议天津市委员会文史资料委员会：《卞白眉日记》第一卷，天津古籍出版社，2008。

［122］中国人民政治协商会议天津市委员会文史资料委员会：《卞白眉日记》第二卷，天津古籍出版社，2008。

［123］天津市档案馆等：《天津商会档案汇编：1903-1911》，天津人民出版社，1987。

［124］天津市档案馆等：《天津商会档案汇编：1912-1928》，天津人民出版社，1992。

三　学术著作、学位论文

［125］张秀莉：《南京国民政府发行准备政策研究》，博士学位论文，复旦大学，2009。

［126］杜恂诚：《中国金融通史》（第三卷：北洋政府时期），中国金融出版社，1996。

［127］洪葭管：《中国金融通史》（第四卷：国民政府时期），中国金融出版社，1996。

[128] 周葆銮:《中华银行史》,文海出版社,1985。

[129] 〔法〕克罗齐耶(Crozier, M.)、费埃德伯格(Friedbeng, E.):《行动者与系统:集体行动的政治学》,张月等译,上海人民出版社,2007。

[130] 〔美〕奥尔森(Olson, M.):《集体行动的逻辑》,陈郁等译,上海人民出版社,1995。

[131] 彭泽益:《十九世纪后半期的中国财政与经济》,人民出版社,1983。

[132] 〔美〕齐锡生:《中国的军阀政治(1916-1928)》,杨云若、萧延中译,中国人民大学出版社,2010。

[133] 〔美〕约翰·N. 德勒巴克、约翰·V. 奈:《新制度经济学前沿》,张宇燕等译,经济科学出版社,2003。

[134] 潘国旗:《近代中国地方公债研究:以江浙沪为例》,浙江大学出版社,2009。

[135] 千家驹:《旧中国公债史资料(1894-1949年)》,中华书局,1984。

[136] 杨荫溥:《民国财政史》,中国财政经济出版社,1985。

[137] 陈志让:《军绅政权:近代中国的军阀时期》,广西师范大学出版社,2008。

[138] 〔美〕格雷夫:《大裂变:中世纪贸易制度比较和西方的兴起》,郑江淮等译,中信出版社,2008。

[139] 郑成林:《从双向桥梁到多边网络——上海银行公会与银行业(1918-1936)》,博士学位论文,华中师范大学,

2003。

［140］杨端六：《货币与银行》，武汉大学出版社，2007。

［141］魏建猷：《中国近代货币史》，文海出版社有限公司，1985。

［142］张秀莉：《币信悖论：南京国民政府纸币发行准备政策研究》，上海远东出版社，2012。

［143］〔美〕米格代尔：《社会中的国家：国家与社会如何相互改变与相互构成》，李杨等译，江苏人民出版社，2013。

［144］中国银行行史编辑委员会：《中国银行行史》，中国金融出版社，1995。

［145］申艳广《民国时期直隶省银行研究》，硕士学位论文，河北师范大学，2012。

［146］王方中：《中国经济史编年记事：1842-1949年》，中国人民大学出版社，2009。

［147］〔美〕坦茨：《政府与市场：变革中的政府职能》，王宇等译，商务印书馆，2014。

［148］朱英：《近代中国商会、行会及商团新论》，中国人民大学出版社，2008。

［149］朱英：《中国近代同业公会与当代行业协会》，中国人民大学出版社，2004。

［150］钱穆：《中国历史精神》，九州出版社，2012。

［151］白吉尔：《上海银行公会（1915-1927）：现代化与地方团体的组织制度》，上海研究论丛，1989。

［152］王晶：《上海银行公会研究（1927-1937）》，博士学

位论文，复旦大学，2003。

［153］张天政：《上海银行公会研究（1937-1945）》，博士学位论文，复旦大学，2004。

［154］胡建敏：《民国时期杭州银行公会研究（1930-1937）》，硕士学位论文，浙江大学，2006。

［155］黄梦婷：《抗战时期的北京银行公会》，硕士学位论文，宁夏大学，2014。

［156］杨荫溥：《杨著中国金融论》，上海书店，1991。

［157］沈大年：《天津金融简史》，南开大学出版社，1988。

［158］中国人民银行总行金融所金融历史研究室：《近代天津的金融市场》，中国金融出版社，1989。

［159］龚关：《近代天津金融业研究（1861-1936）》，天津人民出版社，2007。

［160］蒋廷黻：《中国近代史》，武汉大学出版社，2012。

［161］宋美云：《近代天津商会》，天津社会科学院出版社，2001。

［162］中国近代史编写组：《中国近代史》，高等教育出版社、人民出版社，2012。

［163］张静如、刘志强、卞杏英：《中国现代社会史》，湖南人民出版社，2004。

［164］郑成林：《从双向桥梁到多边网络——上海银行公会与银行业（1918-1936）》，华中师范大学出版社，2007。

［165］罗澍伟：《近代天津城市史》，中国社会科学出版社，1993。

[166] 来新夏：《天津近代史》，南开大学出版社，1987。

[167] 〔德〕斐迪南.滕尼斯：《共同体与社会》，林荣远译，商务印书馆，1999。

[168] 孙德常、周祖常主编《天津近代经济史》，天津社会科学院出版社，1990。

[169] 许涤新、吴承明：《中国资本主义发展史》第二卷，人民出版社，1990。

[170] Brett Sheehan, *Trust in Troubled Times: Money, Banks, and State-Society Relations in Republican Tianjin* (Massachusetts: Harvard University Press, 2003).

四 期刊论文、报纸文章

[171] 叶世昌：《北四行》，《国际金融报》2001年9月10日，第4版。

[172] 潘连贵：《"北四行"与"南三行"》，《中国金融半月刊》2003年1月，第59页。

[173] 来新夏：《北洋军阀对内搜刮的几种方式》，《史学月刊》1957年第3期，第8~11页。

[174] 来新夏：《北洋时期的三次军阀战争》，《社会科学战线》2008年第9期，第148~237页、第307页。

[175]《天津银号风潮志略》，《银行周报》1927年第11卷第42期。

[176] 梁启勋：《说银行公会》，《庸言》1913年第1卷第14号。

[177] 佚名:《论银行公会之职务》,《银行周报》1918年第2卷第30期。

[178] 郑成林、刘杰:《近十年来中国近代内债史研究的回顾与思考》,《湖南大学学报》(哲学社会科学版) 2014第41卷第2期,第96~103页。

[179] 张秀莉:《上海银行公会与1927年的政局》,《档案与史学》2003年第2期,第32~38页。

[180] 吴景平:《上海钱业公会与南京国民政府成立前后的若干内债——对已刊未刊档案史料的比照阅读》,《近代史研究》2004年第6期,第56~86页。

[181] 郑成林、刘杰:《上海银行公会与1920年代北京政府内债整理》,《华中师范大学学报》(人文社会科学版) 2014年5月第53卷第3期,第113~122页。

[182] 千家驹:《旧中国发行公债史的研究》,《历史研究》1955年第2期,第105~135页。

[183] 龚关:《1920年代中后期天津银行挤兑风潮》,《历史教学》(高校版) 2007年第6期,第46~49页。

[184] 申艳广、戴建兵:《直隶省银行挤兑风潮及其影响》,《江苏钱币》2011年第4期,第37~45页。

[185] 马建标:《谣言与金融危机:以1921年中交挤兑为中心》,《史林》2010年第1期,第27~41页。

[186] 彭南生:《近代工商同业公会制度的现代性刍论》,《江苏社会科学》2002年第2期,第132~138页。

[187] 崔跃峰:《1949-1958年北京市同业公会组织的演

变》,《北京社会科学》2005年第1期,106~113。

[188] 李华:《明清以来北京的工商业行会》,《历史研究》1978年第4期,第63~79页。

[189] 薛暮桥:《建立和发展行业民间自治团体》,《中国工商》1988年第11期,第12~14页。

[190] 赵振冰:《浅谈建立和发展同业公会的重要性、必要性和可能性》,《中国工商》1989年第5期,第17~18页。

[191] 程依武:《加强行业管理的一种好形式——同业公会有关问题初探》,《中国工商》,1989年第10期,第15~17页。

[192] 李修义:《同业公会是实行行业管理的一种好形式》,《中国经济体制改革》1989年第5期,第34~35页。

[193] 魏文享:《回归行业与市场:近代工商同业公会的新进展》,《中国经济史研究》2013年第4期,第140~155页。

[194] 朱英、向沁:《近代同业公会的经济和政治功能:近五年来国内相关文献综述》,《中国社会经济史研究》2016年第4期,第88~98页。

[195] 钱津:《政府是市场不可或缺的主体》,《经济纵横》2014年第7期,第13~17页。

[196] 王子善:《天津银行同业公会的历史借鉴》,《天津金融月刊》1993年第7期,第42~44页。

[197] 刘文智:《使命与命运:天津解放初期行业组织的作用与职能及其终结》,《天津大学学报》(社会科学版)2007年第9卷第6期,第538~542页。

[198] 王静:《略论民国时期天津航业同业公会》,《兰州学刊》2012年第4期,第61~65页。

[199] 杜希英:《民国时期天津货栈业同业公会探析》,《邯郸学院学报》2013年第23卷第2期,第78~82页。

[200] 士浩:《银行公会效能之发挥》,《银行杂志》1923年第1卷第2期。

[201] 吴景平、王晶:《"九·一八"事变至"一·二八"事变期间的上海银行公会》,《近代史研究》2002年第3期,第121~145页。

[202] 金承郁:《上海银行公会(1918-1927)》,《中国史研究》2002年第17辑。

[203] 张徐乐:《上海银行公会结束始末述论》,《中国经济史研究》2003年第3期,第82~92页。

[204] 吴景平:《上海银行公会改组风波(1929-1931)》,《历史研究》,2003年第2期,第107~122页。

[205] 郑成林:《上海银行公会与法制建设评述》,《华中师范大学学报》(人文社会科学版)2004年第43卷第4期,第15~23页。

[206] 郑成林:《上海银行公会与近代中国票据市场的发展》,《江西社会科学》2005年第10期,第47~53页。

[207] 张天政:《略论上海银行公会与20世纪20年代华商银行业务制度建设》,《中国经济史研究》2005年第2期,第68~76页。

[208] 郑成林:《上海银行公会组织系统述论(1918-

1936）》，《近代史学刊》2007年第3辑，第57~192页。

[209] 万立明：《上海银行公会与20世纪二三十年代的票据立法》，《社会科学研究》2007年第5期，第169~174页。

[210] 郑成林：《上海银行公会与近代中国银行信用制度的演进》，《浙江学刊》2007年第4期，第59~65页。

[211] 张强：《民国时期我国金融同业组织的合法性探析——以上海银行公会为例》，《社会科学家》2009年第9期，第38~41页。

[212] 朱华、冯绍霆：《崛起中的银行家阶层——上海银行公会早期活动初探》，《档案与史学》1999年第6期，第32~41页。

[213] 刘志英、杨朋辉：《抗战爆发前的重庆银行公会》，《西南大学学报》（社会科学版）2010年第36卷第3期，第181~187页。

[214] 张天政、成婧：《西京银行公会与抗战时期国民政府的金融监管》，《中国社会经济史研究》2013年第2期，第64~74页。

[215] 胡兵：《公益角色：杭州银行公会的社会功能探析》，《兰台世界》2013年第4期，第121~122页。

[216] 胡兵、尚雪文：《杭州银行公会组织运营研究（1945年-1949年）》，《中北大学学报》（社会科学版）2014年第30卷第3期，第48~52页。

[217] 吴石城：《天津金融界之团结》，《银行周报》1935年第19卷第32期。

［218］张东刚:《商会与近代中国的制度安排与变迁》,《南开经济研究》2000年第1期,第70~74页。

［219］姚洪卓:《走向世界的天津与近代天津对外贸易》,《天津社会科学》1994年第6期,第90~93页。

［220］丁洪范:《天津金融市场概况》,《资本市场》第1卷第10~12期,1948。

［221］Douglass C. North, "Institutions," *The Journal of Economic Perspectives* 5 (1991): 97-112.

后　记

　　本书是在我的博士论文的基础上修改而成的。五年前，通过2011和2012年的两度投考，我终于如愿以偿，与南开大学这所久负盛名的高等学府结缘，并有幸拜在张东刚老师的门下，学习经济史。我硕士阶段学习的是马克思政治经济学，对经济史学科算是一个初学者。自2012年9月进入南开大学经济史专业以来，我在张东刚、王玉茹、关永强等老师的指导和帮助下，如饥似渴地阅读历史学、经济学和经济史方面的书籍，从"不适应"到"适应"，逐渐对经济史产生了一种深深的热爱，在我的面前犹如打开了一片新的知识的天地，知识结构也在不断地学习与思考中逐渐得到完善。

　　总体而言，本书的研究还有许多值得完善的地方，它至少还存在以下几点缺憾，需要作者在以后的学术生涯中给予认真地思考：第一，本书对于政府、银行公会、个体银行间的角色和制度安排，缺乏理论层面的总结和提升；第二，本书只关注了天津银行公会，而未涉及其与上海、汉口、杭州等其他城市银行公会的比较分析；第三，本书主要以天津银行公会的活动为中心探讨天津金融市场中的行业组织与政府之间的关系，对于同一时期另外一个重要的金融行业组织——天津钱业公会的活动则缺乏关注，在历史上银钱二公会在近代天津市场都有着重要的地位，也有过密切的合作。此书是我近年以来对经济史不断学习和思考的一个总结，况且它的每一页、每一行，甚至每一词、每一字都凝聚着导师的心血。因此，它之于我正如婴儿之于母亲，无论婴儿有多少缺点，在母亲的心目中，都像整个世界一般珍贵。

在书稿即将付梓之际，我首先要感谢我的博士生导师张东刚教授，张老师身上既具有作为学者的严谨和睿智，也饱含了作为师长的无私和谦和，我从他那里学到的东西虽不及他所拥有之九牛一毛，却足以使我受益终身，我愿不断努力，做到不辱师门。感谢我的导师王玉茹教授，感谢三年来在学习上、生活中对学生无微不至的关怀和帮助，学生唯有在日后的学习与研究中，不断拿出更高质量的作品才可令老师心慰。感谢我的师兄关永强老师，关师兄为人谦和、治学严谨、知识渊博，不仅在治学方面是我学习的榜样，而且在人格上也是我敬佩的楷模。

我要感谢我的硕士生导师中国社会科学院经济研究所钱津研究员和兰州大学经济学院苏华教授。几年来，两位导师一直关注我的学业和成长，使我在孤独困顿的求索中平添了一股战胜困难的勇气和力量。同时，我要感谢三年来给过我指导和帮助的赵津、龚关、谷云、邓宏图、雷鸣、张玮、李剑英等老师；感谢我的师姐高巧、马建华、李桂鸽、师兄罗畅、陈川，感谢王浩强、孙文娜、李娟以及众师弟师妹。感谢工作以来，山西师范大学经济与管理学院的领导和同事们的无私关怀，使我可以尽快融入一个温暖的大家庭，迅速适应一个新的学习和工作环境。除此之外，我还要特别感谢天津市档案馆编研部于学蕴处长、周利成教授以及档案利用部的同志们所提供的查阅档案的便利，他们的无私帮助是我顺利完成本书的必要条件；感谢刘兰兮、张利民、燕红忠、刘巍、魏文享、孙建国等几位老师对我的研究所提出的建设性的完善建议，虽然本书远未达到各位老师的期望，却帮我明确了进一步的研究方向；感谢社会科学文献出版社的陈凤玲博士、关少华编辑为本书的顺利出版所付出的细致辛勤的劳动。

我清楚地知道，博士论文的出版对于我个人的学术研究而言，只是万里长征迈开了第一步。在此，我愿重温伟大的经济思想家马克思的名言："在科学上没有平坦的大道，只有不畏劳苦，沿着陡峭山路攀登的人，才有希望达到光辉的顶点，"并以此激励自己在学术研究的道路上不断前行。

我将永远难忘在南开大学经济研究所学习的幸福！

张百顺

2017年6月于山西临汾

图书在版编目(CIP)数据

天津银行公会研究：1918-1936 / 张百顺著. —北京：社会科学文献出版社，2017.6
（社会经济史研究系列）
ISBN 978-7-5201-0946-8

Ⅰ.①天… Ⅱ.①张… Ⅲ.①银行-经济史-研究-天津-1918-1936 Ⅳ.①F832.96

中国版本图书馆 CIP 数据核字（2017）第 129049 号

・社会经济史研究系列・
天津银行公会研究（1918-1936）

著　者 / 张百顺

出 版 人 / 谢寿光
项目统筹 / 陈凤玲
责任编辑 / 陈凤玲　关少华

出　版 / 社会科学文献出版社・经济与管理分社（010）59367226
　　　　 地址：北京市北三环中路甲29号院华龙大厦　邮编：100029
　　　　 网址：www.ssap.com.cn
发　行 / 市场营销中心（010）59367081　59367018
印　装 / 北京季蜂印刷有限公司

规　格 / 开　本：880mm×1230mm　1/32
　　　　 印　张：8.625　字　数：192千字
版　次 / 2017年6月第1版　2017年6月第1次印刷
书　号 / ISBN 978-7-5201-0946-8
定　价 / 68.00元

本书如有印装质量问题，请与读者服务中心（010-59367028）联系

▲ 版权所有 翻印必究